Die Größte Geschichte der Cataplanischen Volksrepublik

The Greatest History of Cataplanian People's Republic

Le Grande Histoire de la Cataplanienne République populaire

von THOMAS CARLS

Organisation Projekt Nr. 2
"Die Größte Geschichte der Cataplanischen Volksrepublik"
von Thomas CARLS

EINLEITUNG:

Wenn man den Titel liest, denkt jeder erst einmal an ein Geschichtsbuch oder eine Enzyklopädie.
Was dem Leser bzw. der Leserin sofort auffallen wird, sobald sie die ersten Seiten und Kapitel aufschlagen, daß wir uns dabei nicht in unserer Wirklichkeit, nicht auf unserer Erde, sondern auf dem Planeten CATAPUELPIA befinden. Dort werden wir unmittelbar in die Geschehnisse und Ereignisse der 3. Zeitepoche in der Cataplanischen Volksrepublik, in der ein Cataplanischer Bürgerkrieg tobt, involviert. Dieser unterscheidet sich jedoch wenig von den Bürgerkriegen, die wir als Mensch in unserer Weltgeschichte miterleben oder verfolgen mußten.
Werden Sie ein Teil davon und lassen sich von den Charakteren ob nun die eine oder andere Seite berühren.
Dabei bleibt Ihnen überlassen, ob Sie eher der Revolutionär oder der Konservative sind, der sich auf traditionelle Werte und das "Gute Alte" beruft.
Vielleicht sind Sie auch eher ein Anarchist, der alles staatliche an sich ablehnt oder in seinen Methoden nicht gerade zimperlich ist?

Organisation Projekt Nr. 2
"Die Größte Geschichte der Cataplanischen Volksrepublik"
von Thomas CARLS

WIDMUNG:

Ich widme diesen Roman meiner Frau und meinen Kindern,

die ich immer lieben werde, meiner Mutter, ohne die ich

nicht der wäre, der ich bin und meiner ehemaligen

Klassenlehrerin R.W., die mich immer inspiriert hat

und von meinem Talent überzeugt war.

Dank Euch Allen!

Projekt Nr. 2

"Die Größte Geschichte der Cataplanischen Volksrepublik"

von Thomas CARLS

KAPITEL 1

Aufbau und Struktur

KAPITEL 1: Aufbau und Struktur

Aus einen dem Adelshaus der KONARER hervorgegangenen Funken der Ungerechtigkeit, wurde das Schicksal der CATAPLANIER durch eine den inneren Frieden bedrohende Auseinandersetzung, zwischen zwei Blöcken, entschieden.

Der eine Block war die "CATAPLANISCHE VOLKSREPUBLIK", deren Grundsätze und Prinzipien auf der Separatistischen Bewegung der "S A C" während der "CATAPLANISCHEN REVOLUTION" am 22. ZA nach SÚS beruhen.

Angeführt wird diese vom ehemaligen Kommandeur der "S A C" SELPIAN DE MATISTO und dem Ministerrat der Cataplanischen Volksrepublik, deren Vorsitzender der Premierminister PIEDRO BOBIGINO war.

Als Staatsform wählten sich die Sieger der Revolution, den SOZIALISMUS MIT CATAPLANISCHEM ANTLITZ.

Die Verteidigung dieser sozialistischen Volksrepublik wurde durch die in der Neuen Sozialistischen Verfassung (NSV) durchorganisierte "CATAPLANISCHE VOLKSARMEE" (CVA), realisiert und umgesetzt. Diese unterteilte sich in die Teilstreitkräfte HEER ("Infanteria Mobile"); MARINE (Fregatta Son Mare); LUFTWAFFE ("AERO AMAD") sowie eine dem Verteidigungsminister unterstellte WELTRAUMFAHRTBEHÖRDE der "NATIONALÉZ KOSMONAUTIC AGENCIA", kurz der "NKA".

Nachrichtendienstliche Aufgaben sowie Aufklärung und Spionage wurden durch das in der Neuen Sozialistischen Verfassung (NSV) geschaffene "BÜRO FÜR CATAPLANISCHE STAATSSICHERHEIT" dem sogenannten "BfCaSt" realisiert und wahrgenommen. Im Anhang befindet sich dazu eine detailgetreue Abbildung des Emblems des "BÜRO FÜR CATAPLANISCHE STAATSSICHERHEIT" mit einer Erklärung.

KAPITEL 1: Aufbau und Struktur
- Fortsetzung -

Der zweite Block war die "Republik von Cataplania", (RvC), die zwischen dem 54. und 56. ZA nach SPERON nach der Abdankung des 11. KONARER Z I M B E N I N durch den neuen Machthaber MARSCHALL ASTOTOS MATTAN geschaffen wurde. Durch die wachsenden Unruhen, Revolten und den BAUERNAUFSTAND bröckelte jedoch das Fundament der Republik zunehmend und Fundal MATTAN konnte die Ordnung und sein System nur durch die vermehrte Anwendung von Gewalt und Terror seitens seiner Sonder- und Elite-Einheit, dem "CORPS DE CATAPLANIA", aufrechterhalten.

Dazu kamen noch die wachsende Korruption und Armut in der Bevölkerung, die in die "CATAPLANISCHE REVOLUTION" mündeten. Doch gelang es Fundal MATTAN und seinen Anhängern, zusammen mit Wissenschaftlern, Ingenieuren, Fachkräften und einen Großteil des STAATSSCHATZ DER KONARER zu entkommen und ins Exil zu gehen. Deshalb war es Ihnen auch möglich eigene Rüstungsgüter und militärische Einheiten zu entwickeln und produzieren, die dann im Bürgerkrieg zum Einsatz kamen. Der STAATSSCHATZ DER KONARER bestand aus 980 Edelsteinen, 36 Barren Cataplanisches Golderz, 720 Taler der Abtokanaien als Tribut an die KONARER und die Große Enzyklopädie des KONARERENTUM CATAPLAN in 12 Bänden über die Regentschaft und Ahnentafeln aller KONARER bis zum 11. KONARER Z I M B E N I N.

Als Fundal MATTAN die Hauptstadt ATTAPLAN verlassen hatte, war die Schatzkammer leer. Wahrscheinlich hatte er auch Bedenken, daß die "Kinder der Revolution" die Schatzkammer plündern und somit historisches Gut verloren gehen könnte. Also kam er den plündernden Horden zuvor.

C A T A P U E L P I A

Proklamationsurkunde einer
Cataplanischen Volksrepublik Cat.VR
gegeben am 23. Sus in der Stadt
C A T A P E R A N I A

Hiermit rufe ich in Anwesenheit aller Cataplanier und in der Stunde des Triumph und des Sieges unserer Seperatistischen Armee über die Staatstruppen der Republikanischen Garden für eine friedliche und gerechte Zukunft in unserem Land mit Unterstützung und im Beistand der Volksrepublik Teddy von nun an und in alle Zeit

die CATAPLANISCHE VOLKSREPUBLIK aus.

Möge uns allen die Kraft gegeben sein, diese neue Staatsform als Chance zu nutzen, daß niemals wieder Tyrannei und Korruption, Einzug in die Regierung und seine Vertreter, sowie in die Geschäfte unserer Wirtschaft ob nun Landwirtschaft oder Industrie, halten wird.

Mit Ausrufung dieser Volksrepublik auf Cataplanischen Grund und Boden wird es eine **Neue Sozialistische Verfassung der Cataplanischen Volksrepublik** geben, in der alle Rechte unserer Landsleute niedergeschrieben sein werden, ohne Ausnahmen oder Hintertüren.

[Unterschrift]	*[Unterschrift]*
Selpian de Matisto	Piedro Bobigino
Führer der Seperatistischen	stellvertretender Kommandeur
Armee Cataplans	der sAC

8

Selpian de MATISTO
Führer der
Cataplanischen
Volksrepublik

E R N E N N U N G S U R K U N D E

Im Namen der Neuen Sozialistischen Verfassung der Cataplanischen
Volksrepublik und den in dieser mir übertragenen Befugnisse
ernenne ich hiermit hochachtungsvoll und voller Respekt in der
Wahrnehmung der Amtsgeschäfte eines geschäftsführenden
        P r e m i e r m i n i s t e r s
der Cataplanischen Volksrepublik,
       P I E D R O   B O B I G I N O
mit allen Rechten und Pflichten, die dieses Amt mit sich bringt.

        Im Namen der Cataplanischen
        Volksrepublik

---

        gez. Selpian de Matisto
    Führer der Cataplanischen Volksrepublik

Projekt Nr. 2

"Die Größte Geschichte der Cataplanischen Volksrepublik"

von Thomas CARLS

KAPITEL 2

Die zwei Kontrahenten im Detail.

Projekt Nr. 2

"Die Größte Geschichte der Cataplanischen Volksrepublik"

von Thomas CARLS

Abbildung

Emblem der Republik von Cataplania

Sonder- und Elite-Einheit der Republik von Cataplania verwendet zu Zeiten der Republik von Cataplania und im Exil von FUNDAL MATTAN (Ex-Machthaber der Republik von Cataplania)

Bildbeschreibung: Auf dem Schild im Mittelpunkt stehend befindet sich die primäre Waffe des "CORPS DE CATAPLANIA", nämlich das "CALYOUN-Kampfschwert", daß in eine Blutpfütze sticht. Unterhalb der strahlen-

den Sonne, steht in silbernen Buchstaben die Inschrift "CORPS DE CATAPLANIA", der Name der Sonder- und Elite-Einheit. Im Bildhintergrund ist das Cataplanische Hochgebirge zu sehen, darunter die Sträucher der "Lila - Kieselbeere", aus deren Früchten ein tödliches Betäubungsmittel hergestellt werden kann. Durchzogen wird das Bild noch vom ATTAPLAN-River, mit der angrenzenden Hauptstadt ATTAPLAN.

Abbildung

Embleme und Uniformen der Republik von Cataplania

"CORPS DE CATAPLANIA" --- Die 5 Fähigkeitsabzeichen

1.) Kampfschwert-Training mit dem CALYOUN-Kampfschwert
2.) Segelflug mit dem FALCON-Segelgleiter
3.) Alchemie zur Herstellung des Giftes aus der LILA-Kieselbeere
4.) Schwimm-Tauch-Training mit dem KUBIN-Schwimmtrimmer
5.) Glücksspiel z.B. das MINOGGI-Gedankenspiel mit Würfeln

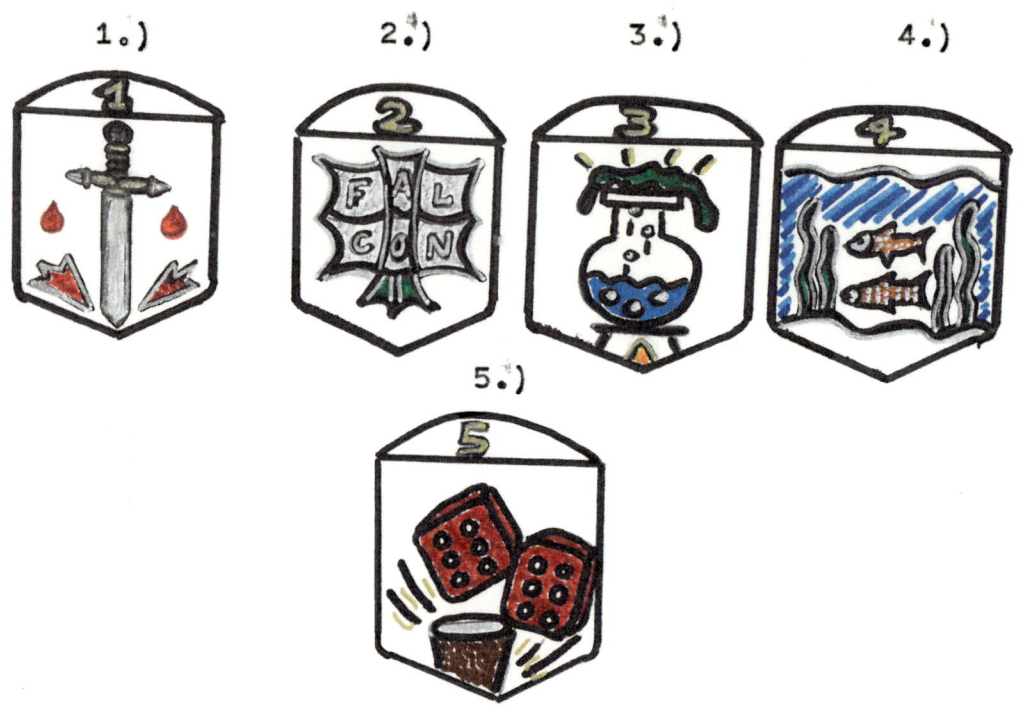

"CORPS DE CATAPLANIA" --- Die Uniformen

Kopfbedeckung des "CORPS DE CATAPLANIA" ist die "Visquorrio". Ein olivgrünes Schiffchen mit silbernen "V" vorne und ein lila Streifen umlaufend.

Uniformjacke des "CORPS DE CATAPLANIA" mit den gleichen Farben und Symbolen wie die "Visquorrio". Am Bund und Kragen umlaufend lila Streifen. Das silberne "V" vorne auf der Brust links. Uniformjacke weitgehend mit olivgrüner Farbe.

CORPS DE CATAPLANIA
AUSBILDUNGSPROGRAMM

Das Ausbildungsprogramm für "CORPS"-Anwärter unterteilt sich in 5 zu absolvierende Ausbildungseinheiten, in denen neben theoretische auch praktische Lerninhalte vermittelt werden. Diese 5 Ausbildungseinheiten dauern jeweils eine Dekade an Wochen, d.h., jeweils 10 Wochen pro Einheit, insgesamt **5 Dekaden** also **50 Wochen** Ausbildungszeit. Nach jeder Ausbildungseinheit von einer Dekade (10 Wochen) muß eine Prüfung erfolgreich bestanden werden, um ein entsprechendes Fähigkeitsabzeichen zu bekommen. Nur wer am Ende der Ausbildungszeit alle 5 Fähigkeitsabzeichen erworben hat, ist als vollwertiges Mitglied in den "CORPS DE CATAPLANIA" aufgenommen. Bei den 5 Fähigkeitsabzeichen und 5 Ausbildungseinheiten handelt es sich um: (siehe Anhang)
Kopie der Originalabbildungen für die 5 Fähigkeitsabzeichen:

KAMPFSCHWERT-Training

Das Kampfschwert-Training basiert auf der CALYOUN-Weisheit aus dem KONARERENTUM:

"VERLETZE NUR JEMANDEN MIT DEM SCHWERT, WENN DU WEIßT, DAß DU ES ZUM TÖTEN EINSETZEN KANNST."

Diese Weisheit entspricht einem Ehrenkodex und ist deshalb für die Söldner des "CORPS DE CATAPLANIA" sehr wichtig.

"CORPS DE CATAPLANIA"
AUSBILDUNGSPROGRAMM - FORTSETZUNG -

 FALCON-Segelgleiter Programm besagt, daß der Segelflug mit dem FALCON-Segelgleiter eigenständig, ohne fremde Hilfe durchgeführt werden muß, dazu gehört auch der sichere Abbau. Zusätzlich ist der Bau eines "Adlerhorst", eines Behelfsunterschlupfes, Pflichtfach.

 Alchemie-Programm besteht aus einem theoretischen und einem praktischen Teil. Dazu gehört die Synthese der Lila-Kieselbeere, um den Wirkstoff "Likisabit" durch Vakuumdestillation heraus zu extrahieren.

 Der Schwimm-Tauch-Lehrgang beinhaltet die Ausbildung zum Rettungsschwimmer inklusive die Seenotrettung unter realen Bedingungen zu üben, die Schwimmleistung zu optimieren, sowie einen Unterwassertauchschein zu erhalten.

 Beim Glücksspiel-Lehrgang wird darauf geachtet wie man Kartenspiele und Kartentricks durchführt, Würfel so manipuliert, daß sie immer die gleichen Zahlen werfen und Gedankenkontrolle gezielt einsetzt, um den Spielgegner zu kontrollieren.

CORPS DE CATAPLANIA

- gegründet als Sonder- und Elite-Einheit der Republik von Cataplania und dem Regime von FUNDAL MATTAN.
- nach dem Sturz von FUNDAL MATTAN und der CATAPLANISCHEN REVOLUTION behielt diese Einheit weiterhin ihre Stellung und Funktion des im Exil lebenden Ex-Machthabers MATTAN.
- Gesamtstärke zu Zeiten der Republik von Cataplania = 83'000
- Gesamtstärke im Exil von FUNDAL MATTAN = 48'500
- wichtigster "CORPS"-Vertreter: GUSTAVO PANTANONI (CATMW) → CATAPLANIAN MOST WANTED
- Bewaffnung: **primär** – Das »**CALYOUN-Kampfschwert**«
  (Abbildung siehe im Emblem des »CORPS DE CATAPLANIA«)
  – Der »**FALCON-Segelgleiter**«
  (zu verstehen, als mobile Flugmittel, tragbar)
  sekundär – Das Gift der "**LILA-KIESELBEERE**"
  (verwendet als Betäubungsmittel bis hin zum Tod)
  – Der »**KUBIN-Schwimmtrimmer**«
  (zum gefahrlosen Durchqueren von Stromschnellen)
  tertiär – Das »**MINOGGI-GEDANKENSPIEL**«
  (zum Beeinflussen der mentalen Fähigkeiten d. Gegners)
  – Der »**CATAPLANISCHE BRANTWEIN**«
  (als Rausch- und Aufputschmittel für ALLE!)

  5 x 10 Wochen = 50 Wochen

- Ausbildung: Die Ausbildung erfolgte über ⑤ Dekaden, in denen der "CORPS"-Anwärter jeweils 1 Fähigkeitsabzeichen sammeln mußte, um am Ende als vollwertiges "CORPS"-Mitglied aufgenommen zu werden; folgende Ausbildungs-Dekaden hieß es zu durchlaufen:
  1. AD = Kampfschwert-Training
  2. AD = Segelflug
  3. AD = Alchemie
  4. AD = Schwimm-Tauch-Training
  5. AD = Glücksspiel

Projekt Nr. 2

"Die Größte Geschichte der Cataplanischen Volksrepublik"

von Thomas CARLS

KAPITEL 3

Lebenslauf von Fundal MATTAN.

KAPITEL 3: Lebenslauf von Fundal MATTAN

geboren als Fundal Maxim MATTAN am 16. ZA nach SPERON in Alt-Attaplan, im "KONARERENTUM CATAPLAN", eines adeligen Herrscherhauses...

Der Vater von Fundal MATTAN war ordentlicher Marschall am Hofe des 11. KONARER ZIMBENIN, weshalb Fundal bereits als Kind am Konarerhof mit der Ausübung von Macht in Kontakt kam.

Im Alter von 10 Zentiopen wurde er auf das private Internat "NEW MODINZ" geschickt, wo er die allgemeinen Grundlagen der Heraldik, Diplomatie und Geschichte des Konarerhauses erlernte.

Am 27. ZA nach SPERON gelang ihm die Auszeichnung als "Bester EURONIKER" für seine mentalen Fähigkeiten und parapsychologischen Arbeiten. Diese Fähigkeiten stellte er auch zukünftig immer wieder unter Beweis, vor allem während der sogenannten "EURONIKER-SPERRE" als es verboten war, mentale Fähigkeiten einzusetzen.

Am 38. ZA nach SPERON beendete Fundal MATTAN seine Internatszeit als der Zweitbeste Absolvent.
Er trat in die Hofgardisten-Schule des Konarer ein und erlernte neben militärischen Grundlagen vor allem Strategie und Taktik, um als Anführer Politik ausüben zu dürfen.

KAPITEL 3: Lebenslauf von Fundal MATTAN
- Fortsetzung -

Die Erste große Krise hatte er zur Zeit der sogenannten "EURONIKER-SPERRE" zu bestehen. Seit seiner Zeit im Internat "NEW MODINZ" verfügte Fundal über mentale Fähigkeiten. Diese benutzte er auch das eine ums andere Mal für private Zwecke. So eignete er sich aus dem STAATSSCHATZ DER KONARER mindestens zweimal wertvolle EDELSTEINE an, die er dann auf dem A T T A P L A N I S C H - E N Schwarzmarkt für besondere Antiquitäten, Gemälde oder andere Rohstoffe eintauschte. Diese wurden nach vertraulichen Insiderberichten zur Fertigstellung und Einrichtung der Privatresidenz seines Vaters MARSCHALL ASTOTOS MATTAN verwendet.

Im geheimen schloß er sich der Gruppe der "EURONIKER" an, offiziell unterstützte er die Ansichten des 11. KONARER Z I M B E N I N. Dieser mußte sich dem öffentlichen Druck beugen und so per Erlass die Beeinträchtigung durch den Einsatz von mentalen Fähigkeiten zu verbieten.
Dies führte zu zusätzlichen Spannungen mit den "EURONIKERN", die sich staatlicher Verfolgung ausgesetzt sahen.
Zur gleichen Zeit wurde aufgedeckt, daß er sich am STAATSSCHATZ DER KONARER bedient hatte. Um die Schande und Demütigung zu umgehen, lenkte er die Aufmerksamkeit auf die "EURONIKER" und vertrat die Meinung, daß man dem wachsendem Druck nur durch Gewaltanwendung begegnen könnte.
Dies veranlasste Z I M B E N I N am 43. ZA nach SPERON die "EURONIKER-SPERRE" anzuordnen.

KAPITEL 3: Lebenslauf von Fundal MATTAN
- Fortsetzung -

Bei diesem Kampf fanden 1 0 4 9 Cataplanier ihr Lebensende. Z I M B E N I N hatte zu dieser Zeit, die Kontrolle im KONARERENTUM verloren und hatte durch Berater, die mehr an eigene Interessen dachten, den Kontakt zur eigenen Bevölkerung verloren.

Die letzten Zentiopen seiner Regentschaft verbrachte er isoliert und zurückgezogen.

Die Regierungsgeschäfte führte kontinuierlich MARSCHALL ASTOTOS MATTAN, was ihm zu einem der wichtigsten Persönlichkeiten der Politik am Hofe der KONARER machte.

Auf Anraten MATTANS dankte Z I M B E N I N schließlich am 47. ZA nach SPERON ab und hinterließ vorläufig eine Lücke, die am 50. ZA nach SPERON durch die Machtübernahme von ASTOTOS MATTAN, geschlossen wurde.

Innerhalb der Umwandlung in eine Republik heiratete er seine Gefährtin C L O R A M E N C E am 55. ZA nach SPERON, die ihm insgesamt 9 Kinder schenkte.

Da sein Vater sehr krank wurde, erkannte Fundal schnell, daß seine Chance gekommen war. Er wurde zum persönlichen Adjudanten von ASTOTOS MATTAN und somit immer mehr zum einflussreichen Strippenzieher im Hintergrund.

Am 06. ZA nach TEMPIR starb der Marschall an den Folgen der "NEROLINGER"-Krankheit. Damit wuchs seine Macht noch einmal an.

Am 10. ZA nach TEMPIR hatte er sein Ziel schließlich erreicht, als er vom " GROSSEN HOFRAT " mit dem Titel "ASPIKTATOR" zum Staatsoberhaupt gewählt wurde.

MARCHENTIS MATTAN

: gilt als offizielle Residenz der Exilregierung von Fundal MATTAN seit der Cataplanischen Revolution am 22. ZA nach SÚS.

Mit dem Bau an dem Anwesen wurde bereits zu Zeiten des Vaters MARSCHALL MATTAN begonnen. Jedoch konnte dieser aufgrund seiner fortschreitenden NEROLINGER-KRANKHEIT das Bauvorhaben nicht mehr beenden. Nach dem Tod von Marschall MATTAN am 6. ZA nach TEMPIR, setzte seine Familie, allen voran sein Sohn Fundal, die Bauarbeiten fort und diese wurden dann schließlich am 18. ZA nach TEMPIR, dem MASSAKER von TIBUN-SAMA, abgeschlossen.

Die Lage gilt als strategisch günstig, da das Anwesen versteckt im Cataplanischen Hochgebirge, abseits der bekannten Routen und fern jeglicher Zivilisation ideal für ungestörte Treffen und Planungen geeignet ist.

Das Gebäude wurde im Backsteinbau errichtet und ist in traditionsreicher Art und Weise nach Vorbild des KONARER-ENTUMS eingerichtet. Die Farben wurden dabei angelehnt an die Nationalfarben der Republik von Cataplania: olivgrün---lila---silber. Dies sieht man zum Beispiel, wenn man im Eingangsfoyer den Teppich betritt. Dieser hat eine lila Farbe mit olivgrünem Rand und ziehen sich über die Treppe im Erdgeschoß bis hin ins Dachgeschoß.

Im Erdgeschoß befinden sich links und rechts des Eingangsfoyers jeweils 3 Zimmer (also gesamt 6 Zimmer), die über eine Tür betreten werden können. Über die Haupttreppe kann man sowohl links als auch rechts jeweils ein Zimmer über zwei Türen erreichen. An den Hauptraum schließt sich der Balkon an.

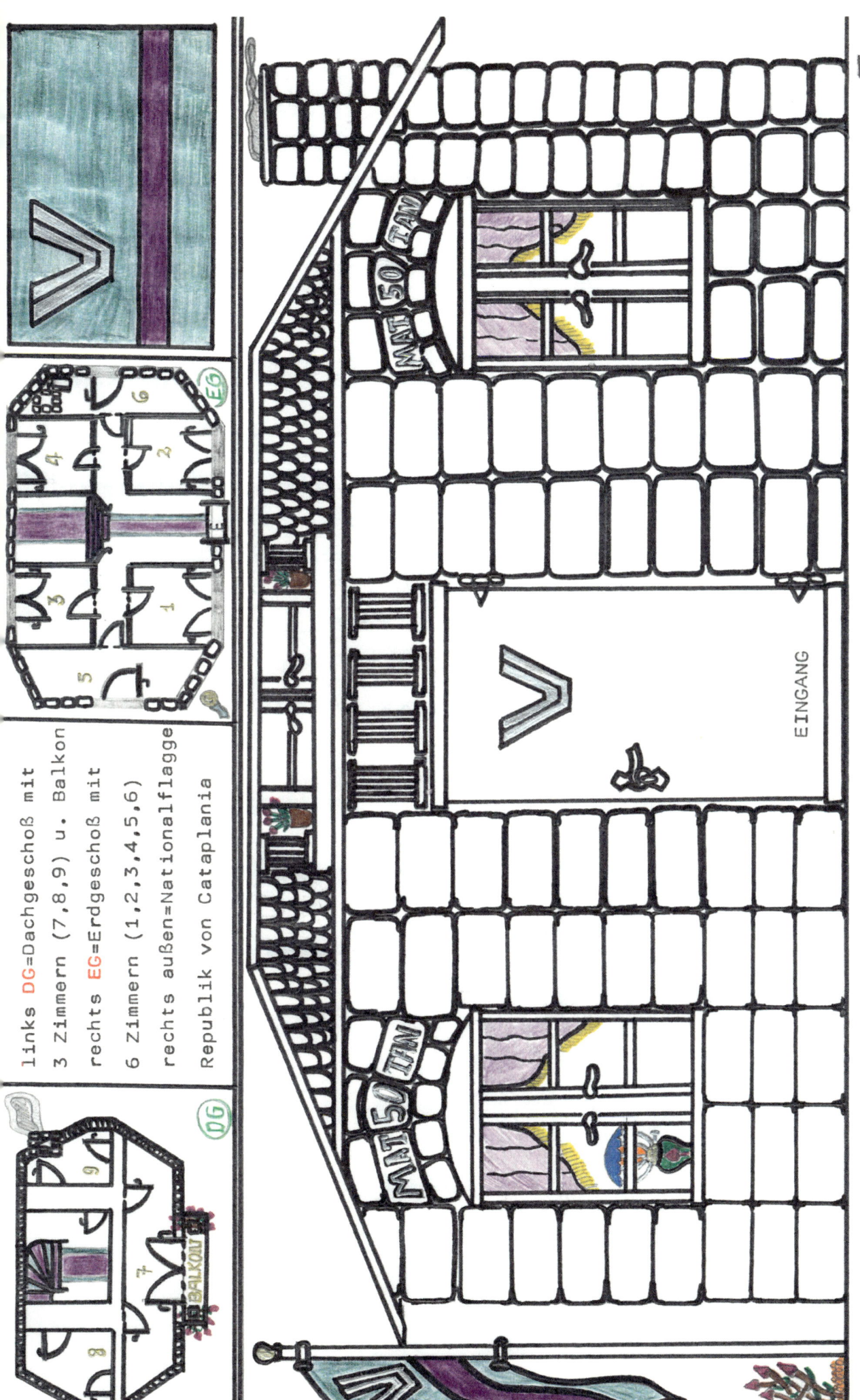

links DG=Dachgeschoß mit
3 Zimmern (7,8,9) u. Balkon
rechts EG=Erdgeschoß mit
6 Zimmern (1,2,3,4,5,6)
rechts außen=Nationalflagge
Republik von Cataplania

Vorderansicht der "MARCHENTIS MATTAN"
Residenz der Exilregierung von Fundal MATTAN

Projekt Nr. 2

"Die Größte Geschichte der Cataplanischen Volksrepublik"

von Thomas CARLS

KAPITEL 4

Chronik der Cataplanischen Geschichte bis zum Bürgerkrieg.

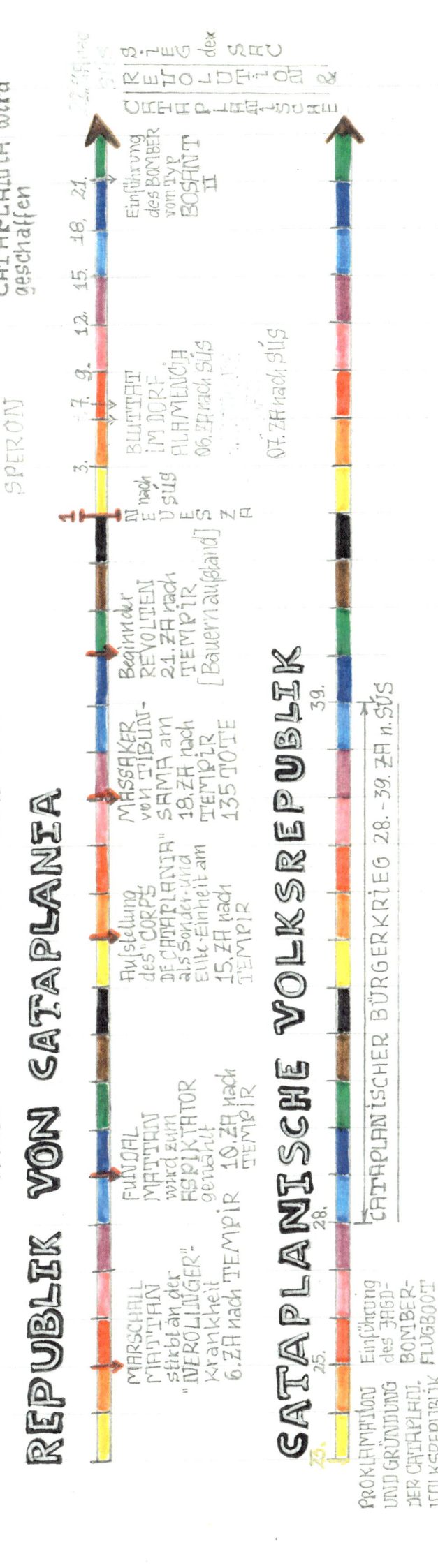

Chronologischer Zeitstrahl der Cataplanischen Geschichte

KONARERENTUM CATAPLAN

- FUNDAL MATTAN wird geboren 16. ZA nach SPERON
- KONARER ZIMBENIN 19.–47. ZA nach SPERON
- "EURONIKER-SPERRE" 43. ZA nach SPERON 1049 TOTE
- Abdankung ZIMBENIN's 47. ZA nach SPERON
- MARSCHALL MATTAN übernimmt die Macht 50. ZA nach SPERON
- 54.–56. ZA nach SPERON; Der Titel eines KONARER wird offiziell abgeschafft. REPUBLIK VON CATAPLANIA wird geschaffen
- Ende ZA nach SPERON: 56. ZA

REPUBLIK VON CATAPLANIA

- MARSCHALL MATTAN stirbt an der "NEROLINGER"-Krankheit 6. ZA nach TEMPIR
- FUNDAL MATTAN wird zum ASPIKTATOR gewählt 10. ZA nach TEMPIR
- Aufstellung des "CORPS DE CATAPLANIA" als Sonder- und Elite-Einheit am 15. ZA nach TEMPIR
- MASSAKER von TIBUNISAMA am 18. ZA nach TEMPIR 135 TOTE
- Beginn der REVOLTEN 21. ZA nach TEMPIR [Bauernaufstand]
- BLUTTAT IM DORF ALAMENCA 06. ZA nach SUS
- 07. ZA nach SUS
- Einführung des BOMBER vom Typ BOSANT II
- CHRISTI HOG PLUS ETIA SUCA (?)

CATAPLANISCHE VOLKSREPUBLIK

- PROKLAMATION UND GRÜNDUNG DER CATAPLAN. VOLKSREPUBLIK durch SELPIAN DEMATISTO
- Einführung des JAGD-BOMBER-FLUGBOOT vom Typ KAHANDRA
- CATAPLANISCHER BÜRGERKRIEG 28.–39. ZA n. SUS

23

KAPITEL 4: Chronik der Cataplanischen Geschichte bis zum Bürgerkrieg

Die Chronik basiert auf dem Zeitstrahl der Cataplanischen Geschichte und umfasst insgesamt 3 Zeitepochen.

1. Zeitepoche: 01.-57. ZA nach SPERON im Wesentlichen als KONARERENTUM CATAPLAN bezeichnet.

2. Zeitepoche: 01.-23. ZA nach TEMPIR sowie nach einer Zeitalter-Umstellung vom 01.-22. ZA nach SUS im Wesentlichen als REPUBLIK von CATAPLANIA (RvC) bezeichnet.

3. Zeitepoche: 23.-39. ZA nach SUS im Wesentlichen als CATAPLANISCHE VOLKSREPUBLIK bezeichnet.

In allen 3 Zeitepochen gibt es Ereignisse, die für das jeweilige Zeitalter prägend und bestimmend waren. Die nachfolgende Auflistung inklusive Erklärung einiger bedeutsamer Zeitpunkte auf dem Zeitstrahl der Cataplanischen Geschichte soll dies veranschaulichen.

1. Zeitepoche: 01.-57. ZA nach SPERON KONARERENTUM CATAPLAN

Entscheidend für die 1. Zeitepoche war die Regentschaft des 11. Konarer Z I M B E N I N, die vom 10. bis 47. ZA nach SPERON andauerte und am 47. ZA nach SPERON mit dessen Abdankung endete. Die Regentschaft von Z I M B E N I N wird genauer im KAPITEL 3: Lebenslauf von Fundal MATTAN, beschrieben.

In der Zeitepoche des KONARERENTUM CATAPLAN wurde besonders auf die religiösen Werte durch Verbreitung des Glaubens vor allem in Klöstern gesetzt. Diesen Machtstatus behielten die später daraus resultierenden Klostergemeinschaften auch über diese Zeitepoche hinaus über die Republik von Cataplania (RvC) bis in den Cataplanischen Bürgerkrieg.

KAPITEL 4: Chronik der Cataplanischen Geschichte bis zum Bürgerkrieg
– Fortsetzung –

Hervorzuheben dabei ist der Zusammenschluss aller örtlichen Abtokanaien zu Klostergemeinschaften, so wie bei der Klostergemeinschaft von "ACCORNO DEL TEMPIO". Diese ist aufgrund des Erlasses von Z I M B E N I N über die Einschränkung der absoluten Macht der Abtokanaien mit anderen Abtokanaien der unmittelbaren Umgebung von ACCORNO DEL TEMPIO vereinigt worden. Danach gab es nur noch einen zentralen Abtokaner und nicht mehr viele Einzelne.

In dieser Zeitepoche gab es eine grundlegende und tiefe Krise, die Cataplania bis dahin noch nicht gesehen hatte. Viele einer besonderen Gruppe, die über mentale Fähigkeiten verfügten, benutzten diese immer mehr für illegale oder unhumane Praktiken, die der Bevölkerung große Not brachten. Diese Gruppe nannte sich E U R O N I K E R.

Da sich die Situation immer mehr verschlechterte, mußte Z I M B E N I N schließlich reagieren und die Beeinflussung durch den Einsatz dieser besonderen Fähigkeiten unter Gewaltandrohung v e r b o t e n war. Deshalb war, weil dieses Verbot schließlich unter Fundal MATTAN wieder aufgehoben wurde, der selbst Euroniker war.

Die Gruppe der E U R O N I K E R rebellierte schließlich gegen das Verbot und es kam während der sogenannten "EURONIKER-SPERRE" am 43. ZA nach SPERON zu einem Kampf bei dem insgesamt 1049 Cataplanier ihr Leben verloren. Dieses Ereignis wirkte jedoch noch lange nach und brachte das System des Herrscherhauses der KONARER zu Fall, so daß Z I M B E N I N am 47. ZA nach SPERON abdanken mußte. Der Hofmarschall ASTOTOS MATTAN übernahm am 50. ZA nach SPERON die Macht und ebnete den Weg zur Republik.

KAPITEL 4: Chronik der Cataplanischen Geschichte bis zum Bürgerkrieg
- Fortsetzung -

Zwischen 54. und 56. ZA nach SPERON wurde der Titel eines KONARER offiziell abgeschafft.

Gleichzeitig wurde durch MARSCHALL ASTOTOS MATTAN eine neue Regierung gebildet und die Republik von Cataplania (RvC) gegründet. Der Gesundheitszustand von Marschall MATTAN verschlechterte sich zunehmend. Die Fertigstellung seines Privatanwesen im Hochgebirge, die "MARCHENTIS MATTAN" wurde durch seinen Sohn Fundal realisiert. Mittlerweile gab es eine Zeitalter - Umstellung von SPERON zu TEMPIR. Am 6. ZA nach TEMPIR starb MARSCHALL ASTOTOS MATTAN schließlich an den Folgen der heimtückischen "NEROLINGER"-Krankheit.

Sein Sohn Fundal MATTAN wurde als Nachfolger und in das Amt des neuen Titels "ASPIKTATOR" am 10. ZA nach TEMPIR zum Staatsoberhaupt gewählt. Als eine ihm direkt unterstehende Sonder- und Elite-Einheit, stellte er am 15. ZA nach TEMPIR das "CORPS DE CATAPLANIA" auf. Diese erlangte am 18. ZA nach TEMPIR traurige Berühmtheit beim MASSAKER VON TIBUN-SAMA mit 135 Toten. Dadurch kam es zu schweren Revolten, die als BAUERNAUFSTAND am 21. ZA nach TEMPIR in die Geschichte eingegangen sind. Um die Bevölkerung von den Unruhen abzulenken, befahl Fundal MATTAN eine erneute Zeitalter-Umstellung von TEMPIR zu SÚS.

Jedoch beruhigte sich die Lage unter den Bauern nicht und es kam am 06. ZA nach SÚS zum Ereignis der Bluttat im Dorf ALAMENCIA. Daraufhin gründeten SELPIAN DE MATISTO und PIEDRO BOBIGINO die "Seperatistische Armee Cataplans" kurz "S A C". Dies erfolgte am 07. ZA nach SÚS.

KAPITEL 4: Chronik der Cataplanischen Geschichte bis zum
- Fortsetzung -   Bürgerkrieg

Noch auf Fundal MATTAN und die Republik von Cataplania (RvC) geht die Entwicklung eines neuartigen Tagbombers zurück. Dieser wurde am 21.ZA nach SÜS unter der Bezeichnung Bomber vom Typ BOSANT II offiziell eingeführt, so daß im Cataplanischen Bürgerkrieg sowohl der "CORPS DE CATAPLANIA" von Fundal MATTAN, als auch die Luftwaffe "AERO AMAD" der Cataplanischen Volksarmee (CVA) unter Selpian de MATISTO, diesen für Kampfhandlungen einsetzen konnten.

3. Zeitepoche: 23.-39. ZA nach SÜS Cataplan. Volksrepublik

Am 22. ZA nach SÜS kam es aufgrund des BAUERNAUFSTANDES am 21. ZA nach TEMPIR, sowie der BLUTTAT im Dorf ALAMENCIA am 06. ZA nach SÜS, zur CATAPLANISCHEN REVOLUTION, in dessen Ausgang die "Separatistische Armee Cataplans" den Sieg davon trug und in die Hauptstadt ATTAPLAN einmarschierte. Am 23. ZA nach SÜS proklamierte Selpian de MATISTO die CATAPLANISCHE VOLKSREPUBLIK und nannte die alte Hauptstadt ATTAPLAN in C A T A P E R A N I A um. Fundal MATTAN, seine wichtigsten Minister und Berater, sowie wesentliche Teile des "CORPS DE CATAPLANIA" gingen ins Exil und formierten sich zum Widerstand gegen die Revolutionäre von der "SAC", so daß es am 28. ZA nach SÜS zum CATAPLANISCHEN BÜRGERKRIEG kam. Dessen Verlauf und Ereignisse sind Grundlage für alle weiteren Kapitel.

Projekt Nr. 2

"Die Größte Geschichte der Cataplanischen Volksrepublik"

von Thomas CARLS

KAPITEL 5

Der Cataplanische Bürgerkrieg.

Projekt Nr. 2

"Die Größte Geschichte der Cataplanischen Volksrepublik"

von Thomas CARLS

KAPITEL 5: Der Cataplanische Bürgerkrieg

Auslöser für den Bürgerkrieg und gleichzeitig Beginn, war der Giftanschlag auf KAMINIE MATTAN, der Tochter von Fundal MATTAN.

Dieser schlug zwar fehl, aber veranlasste die Exilregierung aus Angst um ihr eigenes Leben, aktive Bestrebungen aufzunehmen, die Revolutionäre Sozialistische Regierung von Selpian de MATISTO zu stürzen und wieder die Macht zu übernehmen.

Hergang des TRAKIONBÄR-Giftanschlages am 28. ZA nach SÚS:
Als die Tochter von Fundal Mattan für Besorgungen aus der geheimen und verborgenen Residenz "MARCHENTIS MATTAN" in die nächstgelegene Ortschaft fuhr, wurde ihr im Gemischtwarenladen von einer gewissen SUMBANA MONTINI, ein Keks angeboten.

Da sie über alles Süßigkeiten liebte, bedankte sie sich und nahm den Keks an. Durch einen Zufall ließ sie den Keks fallen und ihr TRAKIONBÄR TAMION fraß den Leckerbissen. Dieser benahm sich danach seltsam und wollte Kaminie beißen und anfallen.

Nur ein gezielt gesetzter Schuss der Leibwache konnte schlimmeres verhindern. Erst später wurde durch Analysen des Blutes sowie Querschnitte des TRAKIONBÄR-Gehirns nachgewiesen, daß es ein Nervengift war.

Nachdem der TRAKIONBÄR getötet und seziert wurde, hatte man alles was man als Beweis benötigte, um die Anderen von einer militärischen Auseinandersetzung zu überzeugen. Deshalb gab man nun die weiteren Befehle und Anordnungen heraus. Fundal MATTAN war angesichts der Fakten zufrieden, obwohl er nach wie vor über den Anschlag schockiert gewesen war.

KAPITEL 5: Der Cataplanische Bürgerkrieg
- Fortsetzung -

Neben den aktiven Schritten die Fehler aus der CATAPLAN-ISCHEN REVOLUTION wieder zu korrigieren, gab es noch eine persönliche Angelegenheit für Fundal MATTAN, die es zu lösen an der Zeit war.

Er mußte diejenige aufspüren und zur Rechenschaft ziehen, die seine Tochter KAMINIE mit voller Absicht töten wollten und dies zum Glück nur bei ihrem TRAKIONBÄR vollenden konnten. Nicht auszudenken, was in ihm vorgegangen wäre, wenn seine Tochter nicht mehr am Leben sein durfte.

Also ließ er durch seine Elite-Einheit, dem "CORPS DE CATAPLANIA", nach dieser Gemischtwarenhändlerin SUMBANA MONTINI fahnden, obwohl nicht einmal sicher war, ob das ihr richtiger Name war. Als seine Söldner in dem besagten Laden nach ihr suchten, war sie nicht mehr aufzufinden. Trotzdem machten sie eine erschreckende und blutige Entdeckung. Nämlich im Lager fanden sie den leblosen und abgeschlachteten Körper des eigentlichen Besitzers, eines gewissen MARTON BASCANIEL. Ihm waren die Augen herausgestochen worden, konnten aber nicht aufgefunden werden. Anscheinend hatte sie der Mörder oder höchst wahrscheinlich die Mörderin als Trophäe mitgenommen.

Einige der Söldner konnten sich das Grinsen darüber nicht verkneifen, andere hingegen mußten sich im Laden übergeben. Die Leiche BASCANIELs wurde in eine Stoffplane gewickelt und nach draußen, in ein größeres Fahrzeug auf die Ladefläche gelegt. Desweiteren fanden sie im Laden, hinter der Theke, ein Foto von einem weiteren Mitglied seiner Familie, seiner Ehefrau.

KAPITEL 5: Der Cataplanische Bürgerkrieg
- Fortsetzung -

Sie alle bestiegen ihr Fahrzeug und erreichten schließlich "MARCHENTIS MATTAN". Die Leiche von BASCANIEL wurde in ein Zimmer im Erdgeschoß gebracht. Daraufhin gingen Ärzte in den Raum, um eine Autopsie durchzuführen.
Eine Dienerin brachte schnell noch Handtücher und eine Schüssel mit heißem Wasser in die gleißende Helle vor sich. Dann ging ein Söldner des "CORPS DE CATAPLANIA" hinauf ins Dachgeschoß, um Fundal MATTAN etwas zu übergeben. Er betrat den Vorraum zum eigentlichen Aufenthalt von MATTAN, wo sich sein Adjudant SANPLISSIMO aufhielt. Ihm übergab er das Foto, welches er und die Anderen im Gemischtwarenladen entdeckt hatten. Mit dem Foto in der Hand, es war schon etwas vergilbt, klopfte er an die Tür zum großen Schlafzimmer von MATTAN.
Nachdem er herein gebeten wurde, betrat der Adjudant den Balkon, auf dem sich MATTAN aufhielt und in einem Schaukelstuhl saß. Er überreichte ihm das Foto und ging wieder, um seinem Tagesablauf nachzugehen. Aus dem Nachbarzimmer kam KAMINIE zu ihrem Vater auf den Balkon. Er sprach in ruhigen, aber bestimmenden Ton mit ihr und zeigte das Foto hoch. Sie erschrak und erkannte die Frau, als diejenige, die ihr den Keks gab. Von dem Moment an, war klar nach wem sie suchen mußten.
Die Jagd auf die Mörderin und Attentäterin hatte begonnen und führte zum ersten Gefecht im CATAPLANISCHEN BÜRGERKRIEG. Späher und geheime Informanten stellten am 29. ZA nach SUS die Verdächtige alias SUMBANA MONTINI in der Ortschaft TIBUN-SAMA, dem Ort in dem in der Vergangenheit ein Massaker stattgefunden hatte.

SEITE 03

TC'18

KAPITEL 5: Der Cataplanische Bürgerkrieg
- Fortsetzung -

Die Nachricht erreichte Fundal MATTAN während dem Mittagessen und er erklärte umgehend den Einsatz einer neuen Spezialwaffe vorzunehmen. Die umliegenden Viertel von TIBUN-SAMA waren ruhig und still dahin gelegen, als plötzlich ein lautes, mechanisches Geräusch aus der Ferne zu hören war. Zuerst nur ein, dann zwei und letztens acht mechanische Geräusche, die eine Gänsehaut erzeugten.

Die Fensterscheiben der angrenzenden Häuser vibrierten im gleichmäßigen Takt. Als einige Einwohner sich wagten, der Hauptstraße entlang folgend, der Anhöhe entgegen zu laufen, erschienen durch Nebelbänke stampfend, riesige Metallkreaturen. Ihre Augen leuchteten in rotem Licht und verkündeten eine Atmosphäre der Angst und des Schreckens.

Sie sahen bei näheren Betrachtung aus wie Pferde. Riesige mechanische Pferde aus Metall, die sich immer weiter dem Ort näherten. Der Ortsvorsteher von TIBUN-SAMA alarmierte umgehend die CATAPLANISCHE VOLKSARMEE (CVA). Doch konnte er keine passenden Worte finden, um zu beschreiben, was dort jetzt auf sie zukam. Durch die AERO AMAD wurden sofort zwei Bomber vom Typ BOSANT II in Richtung TIBUN-SAMA geschickt, um die Lage zu sondieren und notfalls auch anzugreifen, um den Gegner auszuschalten.

Als die Bomber schließlich TIBUN-SAMA erreichten, sahen sie auf der Anhöhe insgesamt 2 mechanische Pferde auf jeweils 4 hydraulischen Beinen mit ihren rot leuchtenden Augen stehen. Sie warteten, als wenn sie auf den Befehl zum Angriff wie in Trance verfallen waren.

Plötzlich stießen aus beiden Pferden rote, grelle Lichtblitze in Richtung der beiden Bomber und sie stürzten ab.

32

KAPITEL 5: Der Cataplanische Bürgerkrieg
– Fortsetzung –

Die abstürzenden Bomber der AERO AMAD zerschellten auf einem nahegelegenen Feld und die Einwohner bekamen jetzt noch mehr Angst, da sie soeben Zeugen dieses Schauspiels wurden. Der Ortsvorsteher von TIBUN-SAMA ging panikartig zu einem kleinen Haus in der Ortsmitte. In ihm wartete die Attentäterin aus dem Gemischtwarenladen. Beiden stand die Angst ins Gesicht geschrieben. Jedoch konnten sie nichts weiter tun, als abzuwarten, was weiter geschah.

In der Zwischenzeit erreichten auch Truppen der Infanteria Mobile den Ort TIBUN-SAMA. Ihr Ziel war klar: Den Ort TIBUN-SAMA sichern und verteidigen, die Einwohner evakuieren und die Attentäterin SUMBANA MONTINI wegbringen.

Der Angriff kam plötzlich und aus dem Nichts. Beide mechanischen Pferde durchbrachen in vollem Tempo die angelegten Barrikaden und immer wieder stießen sie rote Lichtblitze aus ihren Augen. Sämtliche elektrische und elektronische Fahrzeuge und Maschinen verweigerten ihren Dienst. Ohne weitere Gegenwehr erreichten die Riesenkolosse die Ortsmitte. Als die Attentäterin und der Ortsvorsteher das Haus verlassen hatten, machte eins der mechanischen Pferde einen Schritt mit einem seiner hydraulischen Beine und zerquetschte sowohl die Attentäterin, als auch den Ortsvorsteher unter diesem.

Im wieder aufziehenden Nebel verschwanden die mechanischen Riesenpferde über die Anhöhe, von der sie gekommen waren. Der angerichtete Schaden war enorm und auch die Moral der Einwohner stark geschwächt.

Projekt Nr. 2

"Die Größte Geschichte der Cataplanischen Volksrepublik"

von Thomas CARLS

KAPITEL 6

Einheiten der Cataplanischen Volksarmee (CVA) und des "CORPS DE CATAPLANIA".

KAPITEL 6: Einheiten der Cataplanischen Volksarmee (CVA) und des "CORPS DE CATAPLANIA"

SEITE 01

In diesem Kapitel werden die einzelnen Einheiten der militärischen Auseinandersetzung beider am Cataplanischen Bürgerkrieg beteiligten Hauptmächte detailgetreu dargestellt und mit Beschreibung veredelt, um dem Leser die Blöcke, die sich in diesem gegenüber standen, zu veranschaulichen. Diese Einheiten sind für den Verlauf und das Verständnis der weiteren Geschichte unabdingbar und geben einen eindeutigen Einblick, wie und womit sich Angriffe, Gefechte, Überfälle und Massaker zugetragen haben.

1. Hauptmacht:
Die Cataplanische Volksarmee (CVA) als verfassungsgebende Streitkräfte der Cataplanischen Volksrepublik.

2. Hauptmacht:
Das "CORPS DE CATAPLANIA" als Söldner-Armee der Exilregierung von Fundal MATTAN resultierend aus der REPUBLIK VON CATAPLANIA (RvC).

Sonderfall:
Die F P M C = Free Pirats and Marauders of Cataplania, als GUERILLA und plündernde MARODEURE, die weder die 1. Hauptmacht noch die 2. Hauptmacht akzeptieren.
Die F P M C und deren Einheiten werden genauer im KAPITEL 11: Piraten stellen sich in den Weg vorgestellt und beschrieben, weshalb sie in diesem Kapitel nur erwähnt bzw. aufgezählt werden.

TC'18

36

ALTO SECRETO !

Einheiten des "CORPS DE CATAPLANIA" unter der Exilregierung von FUNDAL M A T T A N im Cataplanischen Bürgerkrieg vom 28. ZA nach SUS bis 39. ZA nach SUS

Hinweis: Die hier abgebildeten und namentlich erwähnten Einheiten unterliegen der strengsten Geheimhaltung! Eine genaue Beschreibung befindet sich im weiteren Datenblatt.

1.) **PANZER-HOCH-WAGGON**
2.) **ANGRIFFS-BALLONS mit GIFTGASBOMBEN Typ ZYB04**
3.) **ROBOTRAX-LASTENROBOTER--ROBOTRAX 91000 LASTENBOT**
4.) **CATAPLANISCHES PFERD mit ELEKTROMAGNETISCHER IMPULSWAFFE**

1.) PANZER-HOCH-WAGGON

2.) ANGRIFFS-BALLONS mit GIFTGAS-BOMBEN Typ ZYB04

3.) ROBOTRAX-LASTENROBOTER

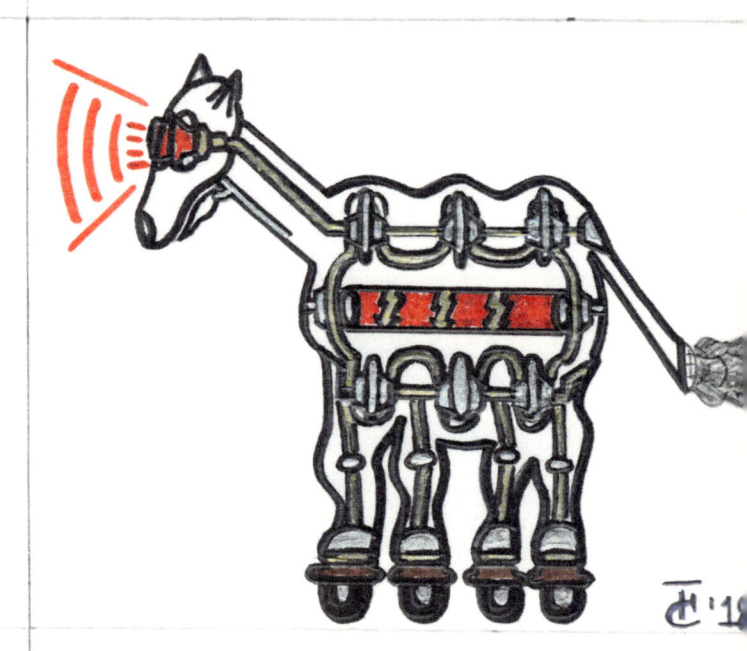

4.) CATAPLANISCHES PFERD

Einheiten des "CORPS DE CATAPLANIA" unter der Exilregierung von FUNDAL MATTAN im Cataplanischen Bürgerkrieg vom 28. ZA nach SÚS bis 39. ZA nach SÚS

Hinweis: Die nachfolgende Auflistung und Beschreibung unterliegt strengster Geheimhaltung und ist nur für befugtes Personal zugänglich!

1.) PANZER-HOCH-WAGGON

Beschreibung: angetrieben über ein Cabrio-Chassis und Förderbänder vom Hinterhochrad auf's Vorderrad; primäre Bewaffnung mit zwei Schnelladekanonen (SK) auf gepanzerten Einzeltürmen und sekundäre Bewaffnung mit einem Maschinengewehr im Cabrio-Chassis rückwärts gerichtet.

2.) ANGRIFFS-BALLONS MIT GIFTGASBOMBEN Typ ZYB04

Beschreibung: Zwei miteinander verbundene Ballons können durch einen Flaschenzug, aufgereihte Giftgasbomben abwerfen. Das Gift stammt aus der Lila-Kieselbeere.

3.) ROBOTRAX-LASTENROBOTER--ROBOTRAX 91000 LASTENBOT

Beschreibung: wird von zwei Piloten über eine transparente Bedienkuppel gesteuert. Diese wird über eine Einstiegsluke am Boden und einen Sprossenschacht erreicht.
Die Bedienkuppel kann im Notfall abgesprengt werden.

4.) CATAPLANISCHES PFERD mit ELEKTROMAGNETISCHER IMPULSWAFFE

Beschreibung: in einem als cataplanischem Pferd getarnten Holzhohlkörper auf 4 beweglichen Rädern, befindet sich im Inneren, ein "E-Impulsgenerator", der über eine externe Steuerung einen elektromagnetischen Impuls über die Augen aussenden kann, mit dem alle elektronischen Geräte und Maschinen gezielt ausgeschaltet werden sollen.

---ENDE AUFLISTUNG MIT BESCHREIBUNG---

ALTO SECRETO !

Einheiten der Teilstreitkraft LUFTWAFFE
"AERO AMAD" der Cataplanischen Volksarmee (CVA)

1.) Bomber vom Typ BOSANT II
2.) Jagdbomber-Flugboot vom Typ KAHANDRA

Technische Daten befinden sich im ANHANG und unterliegen in strenger Geheimhaltung dem Verteidigungsminister der Cataplanischen Volksrepublik.

Neben der jeweiligen Seitenansicht befindet sich die Information über die aktuelle vorhandene Gesamtbestandsmenge.

1.) Bomber vom Typ BOSANT II
Tag-und Kurzstreckenbomber, eingeführt 21.ZA n. SÚS
Gesamtbestand= 285 Stück

2.) Jagdbomber-Flugboot vom Typ KAHANDRA
Fernbomber und Wasserflugzeug, eingeführt 25.ZA n. SÚS
Gesamtbestand= 189 Stück

38

Übersicht

Einheiten der Teilstreitkraft MARINE der
Cataplanischen Volksarmee (CVA)

1.) Flugzeugträger der TUPITI - Klasse (CAV---Cataplanian Air Carrier)
2.) U-Boote der ROBANUR - Klasse (CUV---Cataplanian Underwater Vehicel)
3.) Schlachtkreuzer der GILANDIEL - Klasse (CBC---Cataplanian Battle Cruiser)

Die detaillierten technischen Daten der hier aufgeführten Kriegsschiffe sind auf den nachfolgenden Extraseiten aufgeführt.

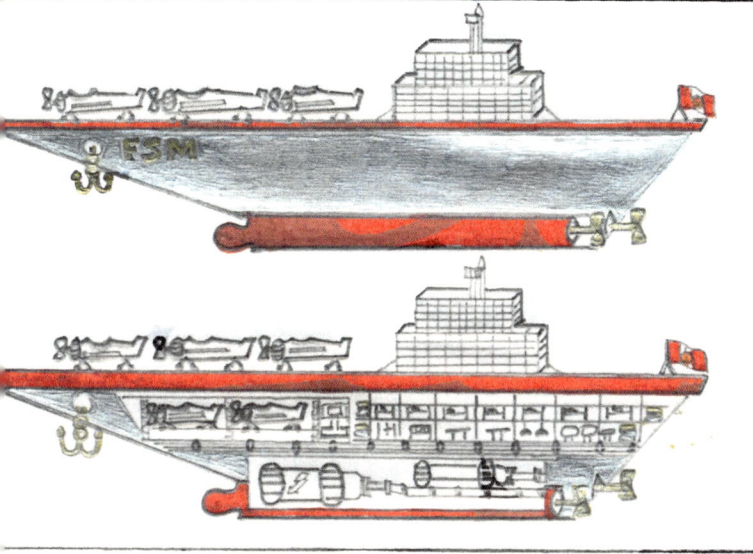

1.) Flugzeugträger der TUPITI - Klasse

CAV (Cataplanian Air Carrier
oben= normale Seitenansicht
unten= Querschnitt der Decks inklusive Details

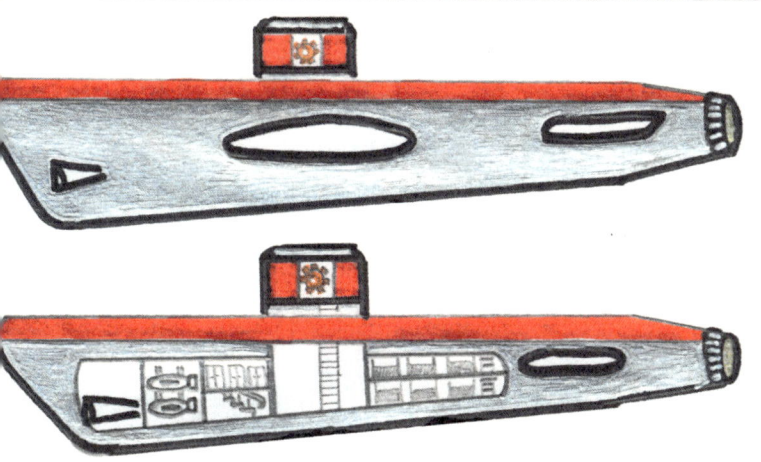

2.) U-Boote der ROBANUR - Klasse

CUV (Cataplanian Underwater Vehicel)
oben= normale Seitenansicht
unten= Querschnitt der Decks inklusive Details

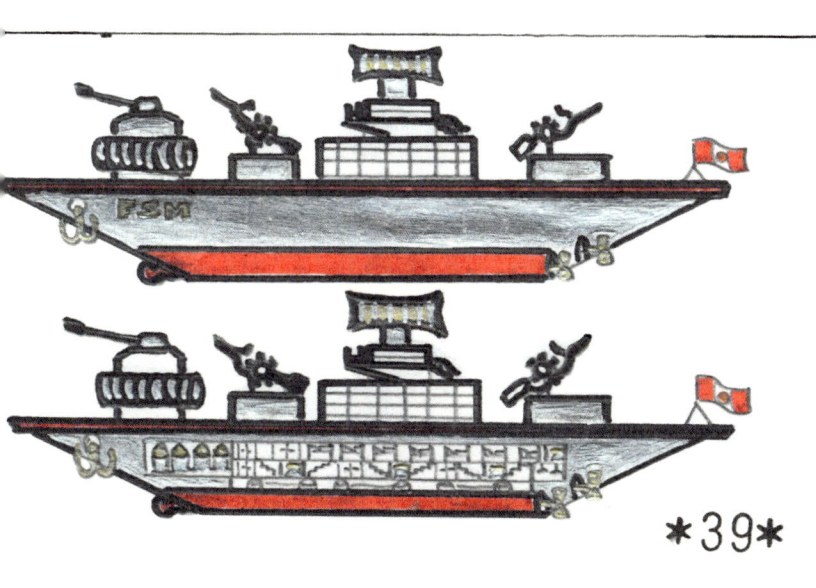

3.) Schlachtkreuzer der GILANDIEL - Klasse
CBC (Cataplanian Battle Cruiser)
oben= normale Seitenansicht
unten= Querschnitt der Decks inklusive Details

ALTO SECRETO!

Einheiten der Teilstreitkraft MARINE der Cataplanischen Volksarmee (CVA)

3.) Schlachtkreuzer der **GILANDIEL**-Klasse

- Länge = 120 m (12 m · Faktor 10)
- Breite = 17,14 m (bei 120 m Länge)
- Höhe = 37,2 m (3,72 m · Faktor 10)
- Tiefgang = 5,14 m (bei Länge + Breite = 137,14 m)
- Antrieb = je 3 Edsalvez-Dampfturbinen über Getriebe auf 2 Schiffsschrauben (= 6 E.-D.-turbinen)
- Geschwindigkeit = 27 kn (Knoten) = 49,9 km/h
- Besatzung = 1 Oberst Militärmeister → Kommandant Schiff
  - 1 Oberst Militärmeister → Schnelladekanone
  - 1 Oberst Militärmeister → Flak
  - 1 Militärmeister Altdienstler → stellvertretender Kommandant
  - 1 Militärmeister Altdienstler → Stellvertreter für Schnelladekanone
  - 1 Militärmeister Altdienstler → Stellvertreter für Flak
  - 115 Militärmeister-Anwärter → Besatzung SK Einzelturm
  - 53 Militärmeister-Anwärter → Besatzung Flak Einzellafette Bug
  - 53 Militärmeister-Anwärter → Besatzung Flak Einzellafette Heck
  - 110 Militärmeister-Anwärter → Bedienung des Schiffsradars
  - 225 Militärmeister-Anwärter → Schiffsbesatzung Steuerung
  - 12 Mechaniker → je 2 Mechaniker für 1 Edsalvez-Dampfturbine (= 6 für 3 Edsalvez-Dampfturbinen; = 12 für 6 E.-D.-turbinen)
  - 574 zivile VA-Angehörige → für technische, logistische, organisatorische und verpflegungsbezogene Aufgaben

- Gesamt = <u>1148</u> Besatzungsmitglieder

- Bewaffnung = 1 × 34 cm - SK (Schnelladekanone)
  - O Einzelturm Bug
  - 2 × Flak, Einzellafetten
  - Y Flak Bug; Y Flak Heck

40

FREGATTA SON MARE
De
CATAPLANIA
REPUBLICO
POPULARIS
23

ALTO SECRETO!

Einheiten der Teilstreitkraft MARINE der Cataplanischen Volksarmee (CVA)

2.) U-Boote der **ROBANUR**-Klasse

    Länge Gesamt = 63 m (12,6 m · Faktor 5)
    Länge Druckkörper = 36 m (7,2 m · Faktor 5)
    Breite Gesamt = 5,71 m
    Breite Druckkörper = 3,72 m
    ↱ Höhe = Tiefgang = 4,22 m
    ↳ Tiefgang = Höhe = 7,8 m (3,12 m · Faktor 2,5)
    Antrieb = Heck-Unterwasser-Strahlen-Antrieb (HUSA)
    über 1 Strahldüse am Heck
    Besatzung = 1 Oberst Militärmeister → Kommandant
    3 Militärmeister Altdiensler → stellvertretende Kommandanten
    12 Militärmeister Anwärter → U-Boot-Besatzung militärischer Teil
    bei 6 permanenten Einzelkojen wird im Zweischicht-System geschlafen und Dienst an Bord verrichtet
    Gesamt = __16__ Besatzungsmitglieder
    Torpedorohre = 2 (Bug)
    Anzahl Torpedos = 4 - 6 (maximal)

Einheiten der Teilstreitkraft MARINE der Cataplanischen Volksarmee (CVA)

FREGATTA SON MARE
De
CATAPLANIA
REPUBLICO
POPULARIS
23

ALTO SECRETO!

Einheiten der Teilstreitkraft MARINE der Cataplanischen Volksarmee (CVA)

1.) **Flugzeugträger der TUPITI-Klasse**

    Länge: 114 m   Höhe: 42 m
    Breite: 16,29 m
    Tiefgang: 4,88 m
    Antrieb: 2 Edsalvez-Dampfturbinen über Getriebe auf
              2 Schiffsschrauben

Geschwindigkeit: 50 Knoten = 92,4 km/h

Besatzung:
- 1 Oberst Militärmeister → Schiff
- 1 Oberst Militärmeister → Flugzeugstaffeln
- 1 Militärmeister Altdienstler → Schiff
- 1 Militärmeister Altdienstler → Flugzeugstaffeln
- 15 Militärmeister Anwärter → aktive Führung Flugzeugstaffeln
- 15 Militärmeister Anwärter → Reserve Flugzeugstaffeln
- 150 Militärmeister Anwärter → Schiff
- 3 zivile VA-Angehörige pro Flugzeug für Reparaturen und Instandhaltung = 45
- 229 zivile VA-Angehörige Schiffsbesatzung für alle technischen, logistischen, verwaltungsspezifischen und versorgungsrelevanten Aufgaben

Gesamt = **458** Besatzungsmitglieder
Flugzeuge: **15** (10 aktiv, 5 Reserve)

44

FREGATTA SON MARE
De
CATAPLANIA
REPUBLICO
POPULARIS
23

Projekt Nr. 2

"Die Größte Geschichte der Cataplanischen Volksrepublik"

von Thomas CARLS

46

KAPITEL 7

Die Seeschlacht im Cataplanischen Südmeer.

KAPITEL 7: "Die Seeschlacht im CATAPLANISCHEN SÜDMEER" als Teil des Cataplanischen Bürgerkrieges

Nach der Gründung der Cataplanischen Volksrepublik durch Selpian de Matisto, dem Anführer der Seperatistischen Armee Cataplans (SAC) am 23. ZA nach Sús galten die Staatstruppen um FUNDAL MATTAN als geschlagen und besiegt, nachdem sie in der Schlacht am CATAPUALPIA-GEBIRGE eine vernichtende Niederlage erlitten hatten. Jedoch wurde FUNDAL MATTAN nicht gefasst und für seine Verbrechen bestraft, was ihm erlaubte, aus dem Exil heraus wieder Bestrebungen aufzunehmen, seine Macht wieder auszubauen, die neue Führung um Selpian de Matisto zu destabilisieren und die alten Verhältnisse in Cataplania wiederherzustellen.

Es gab dabei aber ein Problem. Die Staatstruppen der Republikanischen Garden von FUNDAL MATTAN, der CORPS DE CATAPLANIA, verfügte nicht mehr über die militärische Stärke, um es mit der Cataplanischen Volksarmee (CVA) aufzunehmen. Deshalb mußte man einen Plan ausarbeiten und auch erfolgreich umsetzen, um sich gegnerisches Kriegsgerät anzueignen. Am Besten Großkampfschiffe der Marine, mit denen man durch das TUPITI-Delta fahrend, die Hauptstadt CATAPERANIA beschießen, bedrohen und anschließend einnehmen könnte.

Dieser Plan unter dem Codenamen "FALSCHE LARVE" wurde umgehend durch die Stabsleute von MATTAN ausgearbeitet. Am 27. ZA nach Sus wurde der MILITÄRMEISTER-ANWÄRTER AUGUSTO HARGOS ausgewählt seinen Dienst auf dem cataplanischen Schlachtkreuzer der GILANDIEL-Klasse, der "CBC FUNTANO" anzutreten.

Die "CBC FUNTANO" (=Cataplanian Battle Cruiser) war ein moderner Schlachtkreuzer mit einer 34 cm - Schnelladekanone, 2 Flak Einzellafetten und gut 1148 Besatzungsmitgliedern.

TC'18

KAPITEL 7: "Die Seeschlacht im CATAPLANISCHEN SÜDMEER"
Fortsetzung des Schlachtverlaufs

Der Plan sah vor, daß MilMei-Anwärter HARGOS sich das Vertrauen seiner Kameraden und Kommandanten erschleicht, ihm dadurch der Zutritt zu allen Bereichen des Schiffes ermöglicht wird und er anschließend durch SABOTAGE-Akte, die Besatzung zwingt, den Schlachtkreuzer zu verlassen. Danach würde die "CBC FUNTANO" führerlos durch Truppen des "CORPS DE CATAPLANIA" übernommen und besetzt, die dann mit einem schlagkräftigen, modern ausgestatteten Kriegsschiff wie der "CBC FUNTANO" für Angst und Schrecken sorgen könnten, ganz davon zu schweigen, welches Blutvergießen damit möglich wäre.

Am 28. ZA nach Sus bekam HARGOS den geheimen Befehl, jetzt sofort den Sabotage-Akt zu verüben, um den Plan "FALSCHE LARVE" einzuleiten. Durch einströmendes Gas aus den EDSALVEZ-Dampfturbinen, wurde das Schiff am 29. ZA nach Sus unter "AKRIUM"-Gas gesetzt, was zur Folge hatte, daß der Kommandant Oberst Militärmeister FILIPPO CRUSANO den Befehl erteilen mußte, den Schlachtkreuzer vorsorglich zu verlassen und die Evakuierung einzuleiten, um Schaden von der Besatzung abzuwenden.

Jedoch ahnte CRUSANO nicht, welche folgenschwere Fehlentscheidung er damit getroffen hatte. Und das nicht nur für die "CBC FUNTANO", sondern für die gesamte Cataplanische Volksarmee (CVA).

Im Verteidigungsministerium in CATAPERANIA war man über die Lage auf der "CBC FUNTANO" sehr besorgt.
Der letzte Funkspruch sprach von einer Kontamination des Schiffes mit "AKRIUM"-Gas und eine Evakuierung der gesamten Besatzung. Man beschloß, um sich ein besseres Bild zu machen und die Situation besser einschätzen zu können, ein U-Boot, die "CUV GRASSIL" zum Unglücksort zu entsenden.
(= Cataplanian Underwater Vehicel = CUV)

TC'18

KAPITEL 7: "Die Seeschlacht im CATAPLANISCHEN SÜDMEER"
Fortsetzung des Schlachtverlaufs

Am 30. ZA nach Sus lief die "CUV GRASSIL" aus und steuerte in Richtung der letzten übermittelten Koordinaten. Währenddessen passierte an Bord der "CBC FUNTANO" das, was von den Machern des Plans "FALSCHE LARVE" erdacht worden war. Beiboote legten backbords bei dem führerlosen Schlachtkreuzer an und es stiegen mehrere in blaue, luftdicht versiegelte Ganzkörper-Sicherheitsanzüge gekleidete Gestalten aus diesen und betraten das Geisterschiff. Ihr Weg führte sie zielstrebig zu den EDSALVEZ-Dampfturbinen.

Mit einigen herbei geschaffenen NEUTRALISIERUNGSKOMPRESSOREN begannen sie damit, die "CBC FUNTANO" vom "AKRIUM"-Gas zu befreien, das Schiff somit zu reinigen und für die weitere Nutzung vorzubereiten. An Bord der "CUV GRASSIL" war man sich indes unsicher, was sie alle erwarten würde, da man weiterhin zu niemanden Kontakt herstellen konnte.

Die Dekontaminierungsarbeiten an Bord der "CBC FUNTANO" gingen mit hohem Tempo voran, so daß man sich sicher war, daß "AKRIUM"-Gas bald beseitigt zu haben, damit weitere Truppen auf den Schlachtkreuzer übersetzen konnten. Denn sie mußten so schnell wie möglich hier weg sein, um ihre kostbare Fracht zu sichern.

Doch dazu kam es nicht mehr, als am Horizont die "CUV GRASSIL" auftauchte und deren Besatzung schnell bemerkte, daß etwas nicht stimmte und die "AKRIUM"-Gas-Kontamination nur inszeniert war.

Sie hatten keine Wahl und mußten verhindern, daß das Schiff in gegnerische Hände fiel. Alle Torpedos an Bord wurden scharf gemacht und auf die "CBC FUNTANO" abgefeuert, die in einem grellen Feuerschein explodierte und seine Kaperer mit in den Tod riss.

Die Gefahr für die Hauptstadt CATAPERANIA war vorerst abgewendet!

TC'18

Projekt Nr. 2

"Die Größte Geschichte der Cataplanischen Volksrepublik"

von Thomas CARLS

KAPITEL 8

Die Entführung von Premierminister BOBIGINO.

KAPITEL 8: "Die Entführung von Premierminister Bobigino"

Nachdem der Premierminister BOBIGINO von Sondereinheiten des "CORPS DE CATAPLANIA" entführt wurde, versteckt man ihn, in dem Kloster "ACCORNO DEL TEMPIO".
Die Klosteranlage geht noch auf das KONARERENTUM zurück und ist mit 25 Mönchen und 43 Nonnen bewohnt.
Das Kloster unterstützt Fundal MATTAN und seine Exilregierung, da sie einen geheimen Pakt abgeschlossen haben, um wieder die Position im Staat und der Gesellschaft Cataplanias zu bekommen, wie sie sie zu Zeiten der KONARER inne hatten. Das in dem Kloster auch bewaffnete Einheiten einquartiert sind, wissen nicht einmal die Einwohner der umliegenden Dörfer. Da Fundal Mattan ein politisches As im im Ärmel hat, möchte er nicht, daß dem Premierminister ohne sein Einverständnis etwas geschieht oder er unnötig gequält wird. Deshalb läßt er ihn täglich mit 3 Mahlzeiten versorgen. Nachdem Fundal Mattan ein Ultimatum nach Cataperania geschickt hatte, war das Ziel der Entführung klar. Entweder würde die Cataplanische Volksarmee (CVA) und Selpian de MATISTO bedingungslos kapitulieren, ansonsten erfolgte die Hinrichtung von Bobigino.
Die Fragen, die sich alle Beteiligten nun stellten, waren sehr schwer zu beantworten, ohne das Leben des Premierministers zu riskieren. Ohne Zweifel war er als stellvertretender Kommandeur der SAC maßgeblich an der Cataplanischen Revolution beteiligt, andererseits hatte er jetzt kaum zu den aktiveren Politikern innerhalb des Ministerrates gehört, auch wenn er deren Vorsitzender war.
Also stellte sich zusätzlich die Frage, sollte man ihn befreien und somit weitere Leben gefährden, oder ihn für die Sache opfern?

51

KAPITEL 8: Die Entführung von Premierminister Bobigino
-Fortsetzung-

Nachdem der Premierminister schon einige Zeit im Kloster verbracht hatte, wurde ihm das Privileg zuteil, sich in seinem Gefängnis frei zu bewegen.

Anfangs begleiteten ihn noch bewaffnete Söldner des "CORPS DE CATAPLANIA", dann Mönche und Nonnen.

Eines Tages berichtete ihm eine Nonne etwas Außergewöhnliches. Kaum zu glauben.

In einem abgetrennten Teil des Klosters sollten sich Kinder aufhalten. Warum sollten hier Kinder sein?

Für ihn als Premierminister war dies surreal und merkwürdig. Denn aufgrund der Verfassung waren alle Kinder bei ihren Eltern zu betreuen und schon gar nicht in einer religiösen Einrichtung.

Bei weiteren Gesprächen, meist im stillen, bekam er einen Eindruck wozu die Kinder hier waren.

Familien die Kinder im Bürgerkrieg verloren hatten, durften sich hier ein Ersatzkind aussuchen.

Ihm überkam ein Gefühl von Ekel. Aber er mußte sich zusammenreißen. Er konnte nicht weg, nicht ohne zu wissen, daß die Kinder in Sicherheit waren. Nun hatte er aber ein neues Ziel: Herausfinden wo die Kinder sind und sie in Sicherheit bringen. Jeden Morgen aufs Neue suchte er in einem neuen Teil des Klosters. Er wurde zunehmend unruhig und wollte die Hoffnung schon aufgeben, als er von der gleichen Nonne, die ihm von den Kindern erzählt hatte, den entscheidenden Tipp bekam. Er hatte sie alle gefunden. Überglücklich streichelte er den meisten über den Kopf und vermittelte dabei den festen Eindruck, er würde sie bald befreien und nach Hause zu ihren Familien bringen.

KAPITEL 8: Die Entführung von Premierminister Bobigino
-Fortsetzung-

Nachdem er die Kinder von ACCORNO DEL TEMPIO gefunden hatte, bekam die Absicht, die Kinder aus dem Kloster zu retten, Flügel und Bobigino war sich sicher, daß er dazu die Hilfe der Nonne benötigte.

Als erstes wollte er aus der Klosterküche Lebensmittel sammeln, damit die Kinder nicht hungern würden und sie ausreichend Kraft und Energie für die Reise hätten.

Als zweites mußte ein Weg gefunden werden, wie sie unbeobachtet das Kloster verlassen konnten.

Hier sollte die freundliche Nonne weiterhelfen.

Sie kannte die Zeiten der Wachablösung für die Söldner des "CORPS DE CATAPLANIA" und die der heiligen Messe im Altarraum.

Als drittes brauchte er ein Transportmittel, da davon auszugehen war, daß die Kinder nicht allzu lange durchhalten würden. Also dachte er an einen Bus oder Lastkraftwagen. Alles war bis ins kleinste geplant.

Auch die Nonne, inzwischen kannte er sogar ihren Namen, AMELITA, war mit an Bord.

Vielleicht so dachte er noch, würde sie mitkommen.

Aber höchst wahrscheinlich käme ihr der Glauben dazwischen.

Bald schon würde es sich entscheiden.

Der Zeitpunkt war da und doch blieben die hartnäckigen Zweifel. Die Nonne AMELITA hatte sogar einen alten Schulbus aufgetrieben. Auch wenn dieser wohl kaum mehr als ein paar AKRYOLYTISCHE MEILEN schaffen würde, konnte er kaum zufriedener auf die bevorstehende Odyssee sein.

Er hatte es als Gefangener geschafft in diesen Klostermauern das Vertrauen einer heiligen Nonne zu erhalten, wodurch ihm die Möglichkeit gegeben wurde,

53

KAPITEL 8: Die Entführung von Premierminister Bobigino
- Fortsetzung -

diesen Kindern ein besseres Leben zu schenken.

Der Tag startete früh im Nebel. Die heilige Messe wurde bereits vorbereitet. Die Wachablösung stand ebenfalls kurz bevor. Die Kinder durchquerten einen kleinen Tunnel, der sich unter der Klosterküche befand und unter dem rechten Haupttor mündete.

Der alte Schulbus stand in der Dunkelheit der Seitengasse. Niemand bemerkte dieses alte Vehikel auf vier Rädern.

Eins, zwei, drei und die erste Gruppe von vier Kindern schlich durch das Haupttor und rannte zum Schulbus.

Dann die nächste Gruppe. Als die letzten vier Kinder mit Premierminister Bobigino das Haupttor passieren wollten, tauchte der Mönch ENDOVINIO auf und stellte sich ihnen in den Weg. Der Plan war aufgeflogen und die Situation eskalierte. Der Premierminister erhielt einen heftigen Schlag und ging zu Boden.

Als er wieder das Bewusstsein erlangte, erblickte er den Mönch ENDOVINIO, die Nonne AMELITA, einen Arzt in weißem Kittel, der eine Spritze in Händen hielt, und mehrere uniformierte Söldner von der Spezialeinheit des "CORPS DE CATAPLANIA". Zwei der Söldner griffen die Nonne bei den Armen und der Arzt verabreichte ihr die entsprechende Spritze, dessen Inhalt unbekannter Art war.

Jedoch brach sie zusammen und wurde aus dem Raum getragen. Kurze Zeit später verlor auch der Premierminister erneut das Bewusstsein.

Er wurde in einen Operationssaal geschoben und die dort bereits wartenden Ärzte und Krankenschwestern begannen sogleich mit den weiteren Maßnahmen, um sein Leben zu retten.

ACCORNO DEL TEMPIO,
30. ZA nach SÚS

GEHEIMER PAKT ZWISCHEN DER EXILREGIERUNG VON FUNDAL MATTAN UND DER KLOSTERGEMEINSCHAFT VON "ACCORNO DEL TEMPIO" am
30. ZA nach SÚS

Hiermit schließen wir die Mönche und Nonnen des Klosters "ACCORNO DEL TEMPIO" einen Pakt darüber, daß wir unsere Mauern zur freien Verfügunga an die Exilregierung von Fundal MATTAN und den "CORPS DE CATAPLANIA" bereitstellen. Im Gegenzug garantieren Fundal MATTAN, seine Exilregierung sowie die Mitglieder des "CORPS DE CATAPLANIA", daß sie alles tun werden, nach dem Sieg über die Cataplanische Volksarmee und die sozialistische Regierung in CATAPERANIA, die religiöse Souveränität der Klöster und all ihrer Besitztümer zu sichern und zu schützen, die sie zu Zeiten der heiligen KONARER erhalten hatten.

gezeichnet

Fundal MATTAN - Aspiktator der Republik von Cataplania im Exil

Gustavo PANTANONI - Mitglied des "CORPS DE CATAPLANIA"

MÖNCH ENDOVINIO - Zentraler Abtokaner der Klostergemeinschaft "ACCORNO DEL TEMPIO"

Embleme und Symbole der Bürgerkriegsparteien
Teil des Cataplanischen Bürgerkrieges
zugehörig KAPITEL 8: "Die Entführung von Premierminister
                            B O B I G I N O".
HIER: Emblem der Klostergemeinschaft "ACCORNO DEL TEMPIO"

Es zeigt ein Schild mit umlaufenden lila Streifen. Im Zentrum steht die Klosteranlage von "ACCORNO DEL TEMPIO" und im Vordergrund unten steht das Kreuz, als Zeichen der religiösen Ausrichtung. Darüber in goldener Farbe steht die Zahl "3". Sie steht für das Gründungsjahr 3. ZA nach SPERON. Links und rechts neben der Klosteranlage ist die Inschrift des Namens "accorno DEL tempio" aufgeführt.

Eine genaue Beschreibung der Klostergemeinschaft von "ACCORNO DEL TEMPIO" befindet sich im weiteren Informationsblatt auf der nächsten Seite "ADT".

Über der Klosteranlage steht das Relief des Deckengewölbe aus dem Altarraum des Klosters, mit den charakteristischen Farben olivgrün, lila und silber. Die drei Farben, die sich auch in der Nationalflagge der Republik von CATAPLANIA vor und während des Exils von Fundal MATTAN wiederfinden.

Informationsblatt "ADT"
Die Klostergemeinschaft von "ACCORNO DEL TEMPIO"   "ADT"

Die Klostergemeinschaft von "ACCORNO DEL TEMPIO" wurde im 3. ZA nach SPERON zur Zeit des KONARERENTUMS gegründet.

Grundlage für das Kloster ist der Zusammenschluss aller örtlichen Abtokanaien. Jedes wurde von einem Zentralen Abtokaner geleitet.

Aufgrund des Erlasses des 11. KONARER ZIMBENIN als Entgegenkommen an die gegnerischen politischen Kräfte wurden alle Klöster zu einer Klostergemeinschaft in ACCORNO DEL TEMPIO zusammengelegt.

Seither besteht das Kloster als eigenständig organisierte Anlage mit religiösen Hintergrund.

Nach der Cataplanischen Revolution stand im Raum, das Kloster zu schließen und die Ausübung der Religion zu verbieten.

Deshalb schlossen sich die Mönche und Nonnen in einem Geheimen Pakt am 30. ZA nach SÚS den Exilkräften um Fundal MATTAN an.

Derzeit leben in dem Kloster 25 Mönche und 43 Nonnen.
Es wird geleitet vom MÖNCH ENDOVINIO, in seiner Funktion als Zentraler Abtokaner der Klostergemeinschaft.

---ENDE INFORMATIONSBLATT---   TC'18

Projekt Nr. 2

"Die Größte Geschichte der Cataplanischen Volksrepublik"

von Thomas CARLS

KAPITEL 9

Die verlorenen Kinder von ACCORNO DEL TEMPIO

KAPITEL 9: Die verlorenen Kinder von ACCORNO DEL TEMPIO

Seit der Premierminister Bobigino beim Fluchtversuch mit den Kindern aus dem Kloster ACCORNO DEL TEMPIO schwer verletzt wurde, wissen nun die Mönche und Nonnen, daß ihr Geheimnis aufgeflogen ist und beschließen die Kinder aus dem Kloster wegzubringen. Doch genau das ist das Problem. Wohin sollen die Kinder gebracht werden? Man kontaktiert die Verbindungsperson vom "CORPS DE CATAPLANIA", mit der eindringlichen Bitte, eine ggeeignete Unterkunft für die Kinder von ACCORNO DEL TEMPIO zu finden. Weiterhin solle man sich endlich um das Schicksal von Premierminister Bobigino kümmern.

Die Bomber dröhnten der Stille des Klosters entgegen. Sie flogen ziemlich tief und man konnte ihre Kennzeichnung gut erkennen. Sie stammten von der AERO AMAD, waren rot gestrichen und zeigten das Ende an. Das Ende für das Kloster, für die Nonnen und Mönche. Aber vor allem und das war das Zeichen mit Signalwirkung, es war das Ende für Premierminister Bobigino. Keine Rettungsmission und keine Theatralischen Anzeichen. Man verzichtete einfach auf den zweit wichtigsten Politiker in der Cataplanischen Volksrepublik. Das war bitter und enttäuschend für ihn selbst. Aber seine Gedanken und das zeugte von seinem Anstand und seinem Wert, drehten sich nur um die Sicherheit der Kinder, der Kinder von ACCORNO DEL TEMPIO.

Der adrett gekleidete Gustavo PANTANONI wußte nur zu gut wie man jemanden verschwinden lassen konnte.

Aber ein Dutzend Kinder war selbst für ihn nicht alltäglich und schon gar nicht einfach. Die Anfrage der Mönche erreichte ihn deshalb auf dem falschen Fuß, als er die

KAPITEL 9: Die verlorenen Kinder von ACCORNO DEL TEMPIO

-Fortsetzung von SEITE 01-

Bomber aus der Ferne näher kommen sah. Als die Bomben fielen, nahm er die Zügel in die Hand und dirigierte die Helfer und Einsatzkräfte um die Kinder, Mönche und Nonnen zu retten und umgehend wegzubringen von diesem Inferno. Der gefangene Premierminister Bobigino kam mit Verbrennungen und zerrissener Kleidung durch das linke Haupttor, ein scheinbar bewusstloses Kind in den Armen tragend, den eigenen Feinden entgegen, die inzwischen aber zu Verbündeten geworden waren.

PANTANONI suchte einige Söldner zusammen und sie bestiegen einen ROBOTRAX-LASTENROBOTER, um den Schutt und die Trümmer des rechten Klosterflügels zu durchsuchen und zu beseitigen. Sie wollten weitere Überlebende und vor allem Kinder retten und waren mit ihrer Rettungsmission schwer beschäftigt, als sich plötzlich etwas unter den Backsteinen rührte und zu wimmern begann.

Mit Hilfe der ROBOTRAX-LASTENROBOTER konnten sie die noch halbwegs intakten Mauerstücke abstützen und die Trümmerteile hochheben, um an die Verschüttete zu gelangen.

Nachdem man die gefährliche Situation überwunden hatte, kam die Überlebende zum Vorschein. Es war die Nonne, die Premierminister Bobigino von den versteckten Kindern erzählt hatte und die er dank ihrer Hilfe gefunden hatte.

Ihr Gewand war verschmutzt und zerrissen. Sie hatte enorme Verletzungen an Arm und Beinen. Ein Fuß war komplett zerschmettert. Was für Schmerzen mußte die Nonne hier nur aushalten? War das die Strafe für ihren Verrat am Kloster? Jedenfalls hatte Bobigino mit ihr Mitleid und half weiter.

KAPITEL 9: Die verlorenen Kinder von ACCORNO DEL TEMPIO
- Fortsetzung -

Die ROBOTRAX-LASTENROBOTER taten ihren Dienst und stemmten die schweren Träger der Backstein-Fassade in die Luft, ganz so als würden sie eine Trophäe zum Beweis ihres Sieges über die Tyrannei in ihren Zangenhänden halten.

Die Nonne AMELITA war nicht mehr ansprechbar. Was genau mit ihr vormals geschehen war, als er auf der Flucht verraten wurde und operiert werden mußte, blieb im Dunkeln. Man sah sie zwar noch ein paar Mal, aber sie war schon sehr zurückgenommen und eingeschüchtert. Der Premierminister dachte sich wie sehr er wohl an ihrem Schicksal Verantwortung getragen hatte? Plötzlich machte sie einen tiefen Luftzug, der Brustkorb hob und senkte sich langsam.---
Dann nicht mehr. Es war vorüber. Sie war gegangen und er wischte sich eine Träne weg, die ihm über sein Gesicht rann. Gustavo PANTANONI sah die Szene und den leblosen Körper der Nonne und wies in zynischem Unterton darauf hin, daß sowas wie das hier, die Handschrift der Cataplanischen Volksrepublik und ganz besonders von SELPIAN DE MATISTO sei. Er wartete auf die Reaktion seines Gegenübers, der jedoch verweigerte eine Antwort angesichts seiner Trauer über das Erlebte hier im Kloster von ACCORNO DEL TEMPIO.

Das bewusstlose Kind, daß Bobigino aus dem brennenden Teil des Klosters gerettet hatte, war wieder bei Bewusstsein und er war sichtlich erleichtert, daß wenigstens eines der Kinder es geschafft hatte. Es war noch nicht vorbei...

Projekt Nr. 2

"Die Größte Geschichte der Cataplanischen Volksrepublik"

von Thomas CARLS

KAPITEL 10

Die Z a h n ä r z t i n gibt Hoffnung

KAPITEL 10: Die Zahnärztin gibt Hoffnung

Als die Rettungsmission sowie die Bergung der Überlebenden abgeschlossen ist, beginnt der traurige Teil.

Nämlich die Identifizierung der Todesopfer. 11 an der Zahl.

Es wurde ein Zahnarzt angefordert. Dieser soll aufgrund der Kiefer und Zähne das Alter bestimmen und somit eindeutig klären, ob sich ein Kind unter den Brandopfern befindet, da noch Kinder vermisst wurden.

Für den Premierminister ist das Ganze nur schwer zu ertragen gewesen. Erst wurde er entführt, findet heraus das hier Kinder verschenkt werden, nur um mitansehen zu müssen, wie sie verbrannten. Der Bürgerkrieg löschte eine ganze Generation aus, ohne ihnen die Möglichkeit zu geben, selbst erwachsen zu werden.

Was für ein Wahnsinn. Als im Garten des Klosters die verbrannten Opfer niedergelegt wurden, ahnte der Premierminister noch nicht, welche Überraschung auf ihn zukommt.

Die erste Überraschung erlebte er als nicht ein Zahnarzt, sondern eine Zahnärztin den Garten betrat.

Sie musterte ihn kühl, denn sie wußte wer er ist und warum er hier war. Eine Abweichung von der Vorschrift wäre ihr berufliches Ende. Darüber war sie sich durchaus im Klaren. Deshalb beschloss sie auf Abstand zu bleiben und ihre Arbeit zu tun.

Die Leichensäcke wurden geöffnet und der bestialische Gestank der verbrannten Körper offenbarte die Enttäuschungen, nicht noch mehr getan zu haben.

Aber letztendlich war dieser Angriff, nein dieses Massaker, die Schuld von Anderen.

Die Zahnärztin stellte sich vor und nannte ihren Namen.

KAPITEL 10: Die Zahnärztin gibt Hoffnung
-Fortsetzung-

Dieser lautete Dr. Isabella DeVoyou.

Diesen Namen hatte er irgendwo schon einmal gehört.

Aber es wollte ihm in diesem Moment nicht einfallen.

Es gab auch genug Trauriges, was die Gedanken verhängen ließ. Also wich sein messerscharfer Verstand von dieser Frage ab und folgte besorgt den Ausführungen von Dr. DeVoyou. 11 Tote und jedes Mal ein erleichtertes Seufzen, wenn sie die Geste machte, daß es sich dabei um kein Kind handelte.

Doch dann stockte der Atem. Sie war sich anfangs nicht sicher. Ihr Haupt senkte sich und Tränen flossen ihr übers Gesicht. Leiche No. 7 war ein K i n d.

Da gab es definitiv keine andere Möglichkeit.

Die Nonnen und Mönche bekreuzigten sich und einige fingen an zu weinen, andere schimpften über den Bürgerkrieg.

Es nützte nichts zu schwadronieren. An dieser Tatsache gab es für sie nichts, was sie ändern konnten.

Dr. DeVoyou streichelte dem zur Unkenntlichkeit verbrannten Kind über das Gesicht. Die Nonnen wollten jetzt wissen, um wen es sich dabei wohl handelte. Doch die Zahnärztin konnte diese Frage selbstverständlich nicht beantworten.

Vielmehr fügte sie das Geschlecht des Kindes an.

Es handelte sich um einen Jungen, nicht viel älter als 10 Zentiopen. Die Nonnen bekreuzigten sich erneut und murmelten den Namen Francisco. Premierminister Bobigino, der stiller Teilnehmer dieser morbiden Horrorshow war, konnte trotz seiner Traurigkeit, aber seine Erleichterung darüber nicht verbergen, daß es nicht ein Mädchen war.

Denn es gab ein Mädchen, daß ihm besonders ans Herz gewachsen war.

64

KAPITEL 10: Die Zahnärztin gibt Hoffnung
- Fortsetzung -

Während PANTANONI und die anderen dabei waren, die Trümmer und den Schutt zu beseitigen, damit die Reste des Klosters wieder ihre Aufgaben wahrnehmen und der Wiederaufbau beginnen konnte, war Dr. DeVoyou dabei auch die restlichen Opfer zu identifizieren. Sie ging dabei selbst sehr akribisch vor und nahm auch die Hilfe von Premierminister Bobigino an. Er hatte den Namen von ihr schon einmal gehört und war kurz davor dieses Geheimnis zu lüften.

Als er wieder in seiner ihm zugewiesenen Unterkunft ist, klopfte es an der Tür und es betrat ein kleines Mädchen den Raum. Nun, die kleine SUNITRA, eines der Kinder von ACCORNO DEL TEMPIO, welches ihm in der Zeit dort als Gefangener sehr ans Herz gewachsen war. Er umarmte sie innig und war sichtlich froh darüber, daß sie das Bombardement überlebt hatte.

Da er nicht alle Kinder retten konnte, mußte er sich jetzt darüber Klarheit verschaffen, wenigstens ein Kind zu retten und in Sicherheit zu bringen. Deshalb fiel seine Wahl auf SUNITRA. Der Zeitpunkt für eine erneute Flucht war knapp bemessen, denn wenn die Schäden am Kloster wieder beseitigt wären, würde es unmöglich sein an die Kinder heranzukommen. Ganz davon zu schweigen, was sein Schicksal wäre. Also blieb ihm nichts anderes übrig, als in naher Zukunft zu fliehen und das mit SUNITRA. Der Landweg würde versperrt sein, aber auf dem ATTAPLAN-River könnten sie Glück haben. Sie benötigten dazu jedoch ein Boot.

Er dachte sofort an Dr. DeVoyou, hatte aber immer noch das Gesicht von AMELITA, der Nonne im Gedächtnis, die vielleicht seinetwegen Schmerz und Leid ertragen mußte,

KAPITEL 10: Die Zahnärztin gibt Hoffnung
– Fortsetzung –

um zum Schluß ihr Leben zu geben. Weiterhin ging ihm ihr Name nicht aus dem Kopf, den er irgendwo her kannte. Sie war gerade dabei das letzte Bestattungsritual zu genehmigen, als Bobigino sie ansprach, um sie vorsichtig um ihre Hilfe zu bitten. Leider beobachtete PANTANONI beide und das sehr genau. Ihm fiel es schwer sich zu äußern und sich zu öffnen. Sie bemerkte die Unsicherheit und Vorsicht von ihm jedoch. Deshalb gab sie ihm zu verstehen, ihn danach aufzusuchen. Später durchstreifte er die Flure des noch intakten Flügel des Kloster von ACCORNO DEL TEMPIO, um nach Dr. DeVoyou zu suchen. Plötzlich kamen aus einer geöffneten Tür ihm vertraute Stimmen. Als er sich diesen näherte, erkannte er Dr. DeVoyou, die im Gespräch mit PANTANONI und dem Mönch ENDOVINIO war. Die nun geführte Unterhaltung, ließ ihm das Blut in den Adern gefrieren, denn sie planten seinen Tod. Also war es höchste Zeit, mit der kleinen SUNITRA zu fliehen. Noch am Abend im Schutz der Dunkelheit bestieg Bobigino ein kleines Boot. In Decken gewickelt und schlafend war bei ihm das Mädchen SUNITRA.

Sie waren schon etwas vom Ufer entfernt, als ihm ein Bericht des Büro für Cataplanische Staatssicherheit in den Sinn kam. In diesem war die Rede von einer unehelichen Tochter von MARSCHALL ASTOTOS MATTAN, die als Zahnärztin arbeitete und nach der CATAPLANISCHEN REVOLUTION spurlos verschwunden war. Das mußte sie sein, da war er sich 100%ig sicher. Somit war sie auch die HALBSCHWESTER VON FUNDAL MATTAN! Er setzte seine Reise mit SUNITRA auf dem ATTAPLAN-River fort und es wurde wieder hell. Der neue Tag brach an.

66

Projekt Nr. 2

"Die Größte Geschichte der Cataplanischen Volksrepublik"

von Thomas CARLS

KAPITEL 11

P I R A T E N stellen sich in

den Weg.

| KAPITEL 11: Piraten stellen sich in den Weg | SEITE |

Als der Premierminister Bobigino und das kleine Mädchen Sunitra aus dem Kloster ACCORNO DEL TEMPIO auf der Flucht in die ungewisse Zukunft auf dem ATTAPLAN-River entlang fahren, tauchen plötzlich am Horizont komische Boote auf, die weder zur Cataplanischen Volksarmee (CVA) noch zum "CORPS DE CATAPLANIA" gehören. Wie sich schnell herausstellt, handelt es sich dabei um cataplanische Piraten und Marodeure, der F P M C (=Free Pirats and Marauders of Cataplania), die im Bürgerkrieg weder zur einen, noch zur anderen Seite gehören und somit abseits aller Normen und Grenzen agieren. Die Lage spitzt sich schnell zu, als sie bemerkt werden.

Als sie den ATTAPLAN-River herauffahren, gibt es einen lauten Knall. Die Boote der FPMC lauern zwar in der unmittelbaren Nähe, greifen aber noch nicht an.

Der Knall resultiert wohl aus einem Feuerwerkskörper.

Er soll mehr Angst und Schrecken hervorrufen.

Das Problem bleibt jedoch, denn es wird bereits dunkel und der Premierminister muß für sich und die kleine Sunitra eine Unterkunft für die Nacht suchen.

Doch wenn sie bereits im Fokus stünden, wo wären sie noch sicher?

Es wurde dunkel und die Späher der FPMC näherten sich Schritt für Schritt, Zug um Zug. Die kleine Sunitra hatte sehr viel Angst und Bobigino war bemüht, diese durch seine innere Ruhe zu besänftigen, ja diese vielleicht ein wenig runterzuspielen. Die Lichter die sie nicht nutzen durften, leuchteten umso heller von den Booten der FPMC.

Was die ganze Situation noch grauenvoller und beängstigender   TC'1

KAPITEL 11: Piraten stellen sich in den Weg
- Fortsetzung von SEITE 01 -

machte, war die Geräuschkulisse, die ununterbrochen zu hören war. Das war NERVENKRIEG p u r.

Die Nacht war sehr unruhig und die kleine Sunitra hatte sich eng quer über die gesamte Liegefläche an Bobigino heran gekuschelt, was ihn aber nicht sonderlich gestört hatte. Er akzeptierte ihre kindliche Nähe, da er nicht wollte, daß sie sich noch mehr fürchtete. Der Tag begann und er brachte den Schrecken mit sich. Die FPMC durchquerte nun ständig hin und her entlang des Ufers des ATTAPLAN-Rivers. Die Flaggen der FPMC waren dabei deutlich zu erkennen und flatterten im Wind. Bobigino hatte weder Waffen, noch hatte er die Hoffnung zu entkommen. Den Plan, den er fasste, war tollkühn und gefährlich, könnte aber wenn er funktionierte das Leben der kleinen Sunitra retten.

Er wollte sich schnappen lassen und anschließend ein Boot der FPMC entern, um damit mit Sunitra zu fliehen.

Es ging los. Drei Boote der FPMC fuhren auf sie zu und er hielt seinen Kurs. Sie kesselten Bobigino und Sunitra mit ihren Booten ein und die Ersten kamen mit viel Getöse an Bord. Sie sahen erbärmlich aus. Mit solchen Gestalten wollte man nicht viel zu tun haben und gleichzeitig mußte man sich jetzt mit ihnen abfinden. Der Plan ging vor.

Er leistete scheinbar Widerstand, um die Aufmerksamkeit von Sunitra abzulenken und gleichzeitig den Eindruck zu erwecken, sie seien völlig hilflos. Bobigino hatte bevor sie geentert wurden, noch eine Funkmeldung abgesetzt. Wer auch immer diese Nachricht erhalten würde, wäre hoffentlich in der Lage sie zu retten. Der Kampf hatte gerade begonnen. Der Cataplanische Bürgerkrieg hatte eine weitere Episode.

Embleme der Bürgerkriegsparteien

KAPITEL 11: Piraten stellen sich in den Weg

HIER: Flagge und Wappen der FPMC (= FREE PIRATS AND MARAUDERS OF CATAPLANIA, FPMC)

Die hier dargestellten Symbole und Flaggen der FPMC basieren auf erbeuteten oder gesichteten sowie photographisch festgehaltenen Uniformen, Flaggen oder Boote vor, während oder nach Überfällen.

1.) Flagge der F P M C

Die Flagge der FPMC ist unterteilt in 2 Teile. Links ein gelb-umrandeter schwarz ausgefüllter Kasten mit einem zwei-schenkeligen Anker, der oben umgeben wird von den Kürzeln "FPMC" und darunter von drei gewellten blauen Linien, die das Wasser repräsentieren. Rechts befinden sich 3 in bewegten Linien unterteilte Bereiche (g/b/schw.).

2.) Wappen der F P M C

Das Wappen besteht aus einem Kreis, der in drei farbige Bereiche unterteilt ist: oben=gelb; mitte=blau; unten=schwarz. Im Zentrum steht der zwei-schenkelige Anker, der die Kürzel "FPMC" enthält. Die Wappen werden/wurden auf der Bordkleidung bzw. Uniformen der Anhänger der FPMC auf ihren Booten getragen.

ALTO SECRETO !

Bürgerkriegsparteien im Cataplanischen Bürgerkrieg

F P M C = FREE PIRATS AND MARAUDERS OF CATAPLANIA

Die FPMC sind keine reguläre Armee, sondern ein zusammengewürfelter Haufen mit und ohne militärische Erfahrung.

Trotzdem werden sie einheitlich geführt unter der strengen Hierarchie eines Anführers.

Die FPMC hält sich in Küstennähe auf und agiert als GUERILLA.

TC'18

Hauptschauplatz ist der ATTAPLAN-River.

In der FPMC gibt es ungefähr 600 Anhänger und Kämpfer, die aktiv an den Überfällen und Raubzügen beteiligt sind.

Zudem verfügen sie über gute amphibische Fähigkeiten, weshalb sie oft schon verschwunden sind, wenn Sicherheitsorgane oder Armee-Einheiten am Ort des Geschehens eintreffen.

ANHANG XIII *72*

Währungsunion der Cataplanischen Volksrepublik
TEIL II - Offizielle Geldmünzen ausgegeben
durch die CATAPLANISCHE NATIONALBANK
aufsteigend nach ihrem numismatischen Wert

VS / RS

Geldmünze für den Wert von
1 PESOSITO
VS= numismatischer Wert
RS= Staatswappen der Cataplanischen Volksrepublik

VS / RS

Geldmünze für den Wert von
5 PESOSITO
VS= numismatischer Wert
RS= Staatswappen der Cataplanischen Volksrepublik

VS / RS

Geldmünze für den Wert von
10 PESOSITO
VS= numismatischer Wert
RS= Staatswappen der Cataplanischen Volksrepublik

VS / RS

Geldmünze für den Wert von
25 PESOSITO
VS= numismatischer Wert
RS= Staatswappen der Cataplanischen Volksrepublik

VS / RS

Geldmünze für den Wert von
50 PESOSITO
VS= numismatischer Wert
RS= Staatswappen der Cataplanischen Volksrepublik

ANHANG XII

Währungsunion der Cataplanischen Volksrepublik

Offizielle Banknoten ausgegeben durch die
CATAPLANISCHE NATIONALBANK

1 – UNO	Banknote des Wertes für 1 CATOLAR
20 – ZENZ	Banknote des Wertes für 20 CATOLAR
50 – CINCO	Banknote des Wertes für 50 CATOLAR
100 – UNO HUNDRO	Banknote des Wertes für 100 CATOLAR
200 – DUO HUNDRO	Banknote des Wertes für 200 CATOLAR
1000 – UNO MILLIO	Banknote des Wertes für 1000 CATOLAR

ANHANG XI

Embleme der Wirtschaft und ihrer Verbände, die in staatlicher Kontrolle geführt und geleitet werden

1.) POLITICO MAXIMO MILITAR
2.) Elektrizitätswerke "ELECTRIC CATAPLAN"
3.) Cataplanische Handwerkskammer (CATHK)

1.) POLITICO MAXIMO MILITAR
Staatliche Kommission die beauftragt ist, alle Güter der Rüstungsindustrie wie z.B. Panzer, Schiffe, Gewehre und Munition zu überwachen, zu bewerten und exportieren zu lassen. Ohne die Zustimmung der "PMM", darf kein Rüstungsgeschäft abgeschlossen werden.

2.) Elektrizitätswerke "ELECTRIC CATAPLAN"
Gegründet von dem renommierten Erfinder Ignacio Federico Edsalvez (kurz: I.F. Edsalvez), der in seiner Werkstatt "Luissano" mehr als ein Dutzend Erfindungen getätigt hat, darunter die der Elektrischen Leiter und des "Edsalvez-Lichtreflektors". Versorgung von ganz Cataplania mit elektrischen Strom. Edsalvez-Lichtreflektoren können für 1 CATOLAR erworben werden

3.) Cataplanische Handwerkskammer (CATHK)
Führt im Rahmen der Qualitätssicherung kontinuierlich Prüfungen und Audits bei privaten und staatlichen Lebensmittelversorgern durch und unterstehen lt. Artikel 18 NSV dem Ministerrat der Cataplanischen Volksrepublik. Vertreter sind Mitglied im Verwaltungsrat der Universität von Cataperania (Art. 24 NSV der Cataplanischen Volksrepublik).

ANHANG X

Embleme und Logos der

Transport Gesellschaften für den

Nah-und Fernverkehr in der Luft,

auf der Straße und auf der Schiene

1.) AERO CATAPLANIA - Fluglinie
2.) "D" Transit Bus Gesellschaft (DTBG)
3.) Cataplanische Bahngesellschaft (CBG)

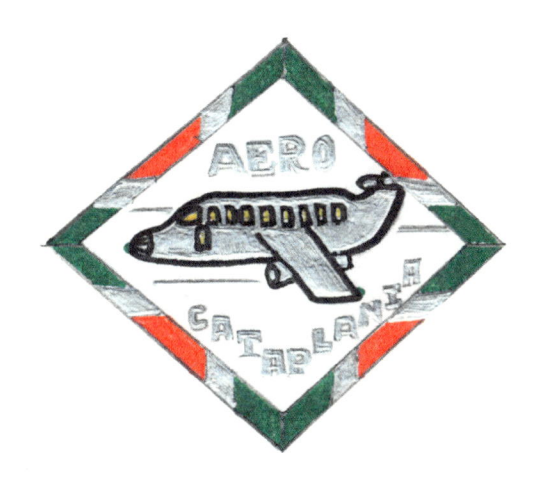

1.) AERO CATAPLANIA - Fluglinie

Die AERO CATAPLANIA - Fluglinie verkehrt innerkontinental und auf Übersee. Sie wurde vor der Revolution durch einen Multimillionär gegründet und besteht aus 75 Passagiermaschinen leichterer Bauart vom Typ "ADARNO". Der Sitz und wichtigster Flughafen ist der AEROGARO International Airport in Cataperania.

2.) "D" Transit Bus Gesellschaft (DTBG)

Die "D" Transit Bus Gesellschaft (DTBG) basiert auf der Fernanbindung für Überlandtourbusse und dem städtischen Regionalbusverkehr. Sie hat eine Busflotte von 350 Reisebussen der Fahrzeugmarke "VILLIART T8 BusWerke" (VT8BW), mit denen alles und jeder transportiert werden kann. Der Fahrpreis ist entfernungsspezifisch.

3.) Cataplanische Bahngesellschaft (CBG)

Die Cataplanische Bahngesellschaft (CBG) hat ihren Sitz in Cataperania und rund 35000 Mitarbeiter und Angestellte arbeiten für die CBG. Die Lokomotiven fahren teilweise mit Kohle, sogenannte "Dampf-Loks" und teilweise mit Elektroantrieb, sogenannte "E-Loks". Das Schienennetz ist landesweit einheitlich.

ANHANG IX

Cataplanische Volksarmee (CVA)
Dienstgrade der Teilstreitkräfte der
Cataplanischen Volksarmee (CVA) für
HEER, MARINE & LUFTWAFFE
inklusive der Erklärung der Abzeichen
und der Dienstzeiten

1.) Militärmeister-Anwärter

Auf dem Abzeichen befinden sich 3 silberne Balken, schräg gestellt.
Die erforderliche Dienstzeit beträgt 3 Jahre.

2.) Militärmeister Altdienstler

Auf dem Abzeichen befindet sich eine silberne römische fünf, mit den silbernen Buchstaben C A T.
Die erforderliche Dienstzeit beträgt 5 Jahre.

3.) Oberst Militärmeister

Auf dem Abzeichen befindet sich ein großer silberner Stern, es ist der höchste Militärmeister-Dienstgrad.
Die erforderliche Dienstzeit beträgt 10 Jahre.

4.) Marschall der Cataplanischen Volksarmee (CVA)

Es ist der höchste zu erreichende Dienstgrad, sowohl in HEER, als auch in MARINE und LUFTWAFFE.
Auf dem Abzeichen befinden sich 2 silberne Sterne untereinander. Erforderliche Dienstzeit mind. 20 Jahre.

Die dargestellten Dienstgrade gelten für HEER, MARINE & LUFTWAFFE.

77

ANHANG VIII
Emblem des Büro für Cataplanische
Staatssicherheit (BfCaSt) gemäß
Artikel 26 der Neuen Sozialistischen Verfassung
der Cataplanischen Volksrepublik
Inschrift auf Emblem: "BUREAU DE CATAPLANIA SECURITATA"
übersetzt: Büro für Cataplanische Staatssicherheit

Beschreibung: Im Mittelpunkt des Emblems des Büro für Cataplanische Staatssicherheit (BfCaSt) steht das allsehende Auge, daß überall wachsam ist. Das Licht steht für die neuen Ideen und Erfindungen, die im Zeichen des Fortschritts vorgenommen werden. Die Cataplanischen Staatsflaggen links und rechts stehen für die Abteilungen I, II, III, IV.

ANHANG VII

Zeichen und Embleme der Rettungs-und Sicherheitsorgane der Cataplanischen Volksrepublik

1. Kranken-und Rettungsdienst
2. Axtklinger und Brandbekämpfer
3. Polix-Einheiten

---

1. Kranken-und Rettungsdienst "SECARENIA"
Stellen Erste-Hilfe-Mittel zur Verfügung und führen kleinere medizinische Behandlungen durch; sind für den Transport von Verletzten verantwortlich und bringen diese zur weiteren Versorgung zum nächsten Krankenhaus.

2. Axtklinger und Brandbekämpfer
Axtklinger stellen diese selbst her und trainieren den Umgang sowie führen den Einsatz dieses speziellen Hilfsmittel, der Axt, durch; Brandbekämpfer helfen dabei offene Brände und außer Kontrolle geratene Feuer zu löschen und zu sichern.

3. Polix-Einheiten
Polix-Beamte führen Kontrollen und Festnahmen durch, klären Verbrechen auf und sind zur Herstellung von Ruhe und Ordnung verpflichtet. Sie dürfen unter Verwendung der Handfeuerwaffe notfalls auch gewaltsam für Ruhe, Ordnung und Sicherheit sorgen.

ANHANG VI

Emblem der Weltraumfahrtbehörde NKA

Abbildung auf Emblem: **Trägerrakete vom Typ "CARNAJA TR-5" mit Raumkapsel und integriertem Kommandomodul CARNV-RKII-KM-GRENOU** und Bildunten re. **der Weltraumbahnhof von CATATEKLA**

Inschrift auf Emblem: **"NATIONALEZ KOSMONAUTIC AGENCIA DE CATAPLANIA REPUBLICO POPULARIS"**

übersetzt: Nationale Kosmonautische Behörde der Cataplanischen Volksrepublik

ANHANG V

Emblem der Teilstreitkraft LUFTWAFFE der
Cataplanischen Volksarmee (CVA)

Inschrift auf Emblem:

"AERO AMAD DE CATAPLANIA REPUBLICO POPULARIS"

übersetzt: Luftflotte der Cataplanischen Volksrepublik

ANHANG IV
Emblem der Teilstreitkraft MARINE der
Cataplanischen Volksarmee (CVA)
Inschrift auf Emblem:
"FREGATTA SON MARE De CATAPLANIA REPUBLICO POPULARIS";"23"
übersetzt: Fregatte auf den Meeren der Cataplanischen Volksrepublik
Zusatz: unten in roter Schrift: das Gründungsjahr **23**

ANHANG III

Emblem der Teilstreitkraft HEER der Cataplanischen Volksarmee (CVA)

Inschrift auf Emblem:

"Infanteria Mobile De CATAPLANIA REPUBLICO POPULARIS"
übersetzt: Mobile Infanterie der Cataplanischen Volksrepublik

23

Seperatio Cataplania

NEUE SOZIALISTISCHE VERFASSUNG DER CATAPLANISCHEN

VOLKSREPUBLIK

C A T A P E R A N I A .

NEUE SOZIALISTISCHE VERFASSUNG DER CATAPLANISCHEN VOLKSREPUBLIK

ARTIKEL 1

Nach den korrupten Regimen der Vergangenheit gilt in der Cataplanische Volksrepublik der Sozialismus mit cataplanischem Antlitz, als einzige Staatsform, bei der jeder Cataplanier mitwirken soll.
Wir geben mit Kraft und Energie dem Führer der Cataplanischen Volksrepublik die Vollmacht, die Regierungsgeschäfte zu leiten,
Verbrechen gegen unsere Zivilisation zu bekämpfen und die Wirtschaft zu fördern und Wohlstand für jedermann zu bringen.

ARTIKEL 2

Hauptstadt der Cataplanischen Volksrepublik wird CATAPERANIA, welche auf dem Territorium der alten Hauptstadt Attaplan errichtet werden soll. Dabei ist es wichtig, den alten Charme und die Ansicht nicht zu zerstören. Denn die Vergangenheit gehört zu unserer Zukunft dazu.

ARTIKEL 3

Regierungssitz soll die Hauptstadt Cataperania werden. In ihm sollen sich der Regierungspalast, der Ministerrat, alle Ministerien und das Oberkommando der Cataplanischen Volksarmee (CVA) befinden.

ARTIKEL 4

Um unsere Zivilisation gegen innere und äußere Feinde zu schützen, planen wir den Aufbau und die Gründung einer Cataplanischen Volksarmee (CVA). Das Oberkommando über alle Truppen und Waffengattungen hat der Verteidigungsminister, der weiterhin dem Ministerrat angehört und dem Premierminister untersteht.

ARTIKEL 5

Den Ministerrat der Cataplanischen Volksrepublik leitet ein vom Führer der Cataplanischen Volksrepublik ernannter Premierminister. Dieser leitet alle Sitzungen des Ministerrat, ernennt und entlässt alle Minister und verbreitet erlassene Dekrete im ganzen Land durch Dekretausrufer.

ARTIKEL 6

Alle Ministerien sind Bestandteil des Ministerrat der Cataplanischen Volksrepublik und müssen bei jeder Sitzung durch einen Vertreter anwesend sein. Wenn ein Ministerium nicht vertreten ist, kann kein Beschluß gefaßt werden, da nur einstimmige Abstimmungen ergebnisbindend sein können.

NEUE SOZIALISTISCHE VERFASSUNG DER CATAPLANISCHEN VOLKSREPUBLIK

ARTIKEL 6

Trotzdem können Sitzungen durchgeführt werden, wenn nicht alle Ministerien vertreten sind. Der Ministerrat der Cataplanischen Volksrepublik erläßt Dekrete und entscheidet über Krieg und Frieden. Wobei der Premierminister sein Veto einlegen kann, sollte eine einstimmig gefaßte Entscheidung seiner Ansicht dem Wohle des Landes schaden oder nachhaltig gefährden. Der Führer der Cataplanischen Volksrepublik kann an den Sitzungen teilnehmen, muß es aber nicht.

ARTIKEL 7

Bildung ist ein hohes Gut, weshalb es wichtig ist, daß alle die CAT-Schule besuchen. Dort sollen in 10 Jahrgangsstufen zu je 30 Klassen pro Schule 2 Schulabschlüße erworben werden können.

1.) Das Cataplanische große Examen oder

2.) Das Cataplanische kleine Examen. Die Durchführung und der regelgerechte Ablauf wird von einem Bildungsminister überwacht und durch entsprechende Maßnahmen zielführend gelenkt.

ARTIKEL 8

Um unsere Wirtschaft vor Ausbeutung zu schützen und den Reichtum aller in unserem Land zu sichern, wird durch Schaffung mehrerer Fachministerien wie z.B. das Ministerium für Cataplanische Hochgebirgsindustrie zur Gewinnung von Cataplanisches Eisenerz ein staatlicher Wirtschaftssektor gebildet, der auch Importe und Exporte regelt, und Handelsverträge mit anderen Zivilisationen ausarbeitet und diese abschließt.

ARTIKEL 9

Damit jeder Cataplanier umfassend und informativ über alle Ereignisse aufgeklärt werden kann, liegt Fernsehen in 3 Bereichen vor.

1.) Dem staatlich geförderten Fernsehen, daß durch den Ministerrat der Cataplanischen Volksrepublik geführt, gelenkt und gefördert wird.

2.) Dem privat geförderten Fernsehen, daß außschließlich durch Privatpersonen oder private Unternehmen, ohne staatliche Beteiligung geführt, gelenkt und gefördert wird.

3.) Dem VRT geförderten Fernsehen, daß außschließlich durch Vertreter der Volksrepublik Teddy geführt, gelenkt und gefördert wird.

NEUE SOZIALISTISCHE VERFASSUNG DER CATAPLANISCHEN VOLKSREPUBLIK

ARTIKEL 9

Alle 3 Bereiche müssen zu 100% unabhängig voneinander arbeiten und dürfen sich nicht in die Belange des Anderen einmischen.

ARTIKEL 10

Um sich mit anderen Zivilisationen wirtschaftlich, militärisch und sportlich austauschen zu können, ist es dem Führer der Cataplanischen Volksrepublik grundsätzlich erlaubt, Mitgliedschaften und Verträge abzuschließen, die dem Nutzen unseres Landes dienen.

ARTIKEL 11

Sportliche Aktivitäten werden gezielt geleitet und gelenkt durch das Cataplanische Olympische Komitee (CATOK), daß von einem Minister ohne Geschäftsbereich geführt wird. Von ihm werden Lizenzen für die Teilnahme an Sportwettbewerben vergeben und Preise verliehen. Vertreter des Cataplanischen Olympischen Komitees (CATOK) sind stimmberechtigte Mitglieder im Ministerrat der Cataplanischen Volksrepublik.

ARTIKEL 12

Alle in unserem Land müssen sich ausweisen können, wenn dies erforderlich ist. Deshalb werden individuelle, personenbezogene Ausweise eingeführt, die dann jedem zugestellt werden.

Um personenbezogene Daten in den Ausweisen zu verwenden, muß jeder sich im Regierungspalast registrieren lassen. Dazu ist der Name, das Geburtsdatum, der Geburtsort und die aktuelle Anschrift erforderlich. Änderungen müssen sofort mitgeteilt werden.

ARTIKEL 13

Verbrechen gegen Artikel dieser Verfassung werden mit durch den Ministerrat der Cataplanischen Volksrepublik festzulegenden Strafen geahndet, wobei der Führer der Cataplanischen Volksrepublik, Strafen aussetzen kann, wenn Zweifel an der Schuld eines Betreffenden bestehen. Der Ministerrat der Cataplanischen Volksrepublik muß dann erneut überprüfen, ob der geschilderte Sachverhalt der Wahrheit entspricht oder nicht.

NEUE SOZIALISTISCHE VERFASSUNG DER CATAPLANISCHEN VOLKSREPUBLIK

ARTIKEL 14

Jeder hat ein Recht auf Essen und Unterkunft.

Wenn beides nicht vorhanden ist, muß der Ministerrat der Cataplanischen Volksrepublik staatliche Ressourcen dahingehend bündeln, um diese dann zu verteilen und zu zuweisen. Eine Gebühr dafür ist verboten, d.h., daß die Leistung generell gebührenfrei ist.

Der Premierminister der Cataplanischen Volksrepublik hat dafür zu sorgen.

ARTIKEL 15

Da 2/3 der Fläche der Cataplanischen Volksrepublik mit Hochgebirge durchzogen sind, müssen alle im Klettern und im Umgang mit Kletterausrüstung sowie in Erster Hilfe geübt und ausgebildet sein.

Die ersten Grundlagen sollen dafür in der CAT-Schule im entsprechenden Fachunterricht erlernt werden. Entsprechende Lehrpläne und Lerninhalte werden durch das Bildungsministerium erarbeitet und herausgegeben.

Zusätzliche Kenntnisse können dann in Freiwilligen-Bergsport-Zentren durch ausgebildete Trainer vermittelt werden.

ARTIKEL 16

Flüße, Seen und Meere sind die Lebensader unserer Zivilisation. Deshalb müssen sie besonders geschützt werden. Es ist verboten, chemische, biologische oder radioaktive Abfälle in Flüße, Seen und Meeren zu entsorgen, einzuleiten oder zu lagern, wobei nicht gewährleistet werden kann, daß die Lagerbehälter leckfrei und dicht, dauerhaft gelagert werden können. Weiterhin ist es untersagt, die Flora und Fauna in und um Flüßen, Seen und Meeren zu schädigen oder deren Bestand zu gefährden.

Die zu treffenden Schutzmaßnahmen sollen von Einheiten der Cataplanischen Volksarmee (CVA) vorgenommen und überwacht werden. Diese unterstehen dem Verteidigungsminister, der dem Premierminister untersteht.

ARTIKEL 17

Medizinische Grundversorgung ist für jeden kostenlos und zu jedem Zeitpunkt sicherzustellen. Dabei haben Kinder und Jugendliche Priorität vor Erwachsenen. In jedem Krankenhaus oder notärztlichen Versorgungsstelle müssen daher ausgebildete Kinder-und Jugendärzte vorhanden

NEUE SOZIALISTISCHE VERFASSUNG DER CATAPLANISCHEN VOLKSREPUBLIK

ARTIKEL 17

sein. Ist dies nicht möglich, z.B. aus personellen Gründen, muß entsprechender Ersatz aus dem Personal der zivilen Angehörigen der Cataplanischen Volksarmee (CVA) dafür bereitgestellt werden. Dieser muß dann nicht zwangsläufig ein ausgebildeter Kinder-und Jugendarzt sein, sich aber bereit erklären, Weiterbildungsmaßnahmen und Schulungen durch das Bildungsministerium durchführen zu lassen. Diese werden per durch das Bildungsministerium ausgestellte Zertifikate anerkannt und sind darüber hinaus bindend zur Aufnahme in ein Arbeitsverhältnis, was weiterhin für die Eingruppierung der Vergütung entscheidend ist.

ARTIKEL 18

Lebensmittelversorgung kann privat oder staatlich geregelt, erfolgen. Private Lebensmittel unterliegen dabei verschiedenen Qualitätsstandards, die durch private Handelskammern, die Cataplanische Handwerkskammer (CATHK) und die Landwirtschaftliche Vertriebs-und Handelsgesellschaft (LWVHG) überwacht und kontrolliert werden. Die Cataplanische Handwerkskammer (CATHK) untersteht dabei als einzige Einrichtung im Lebensmittelmaßstab dem Ministerrat der Cataplanischen Volksrepublik. Staatliche Lebensmittel unterliegen ebenfalls verschiedenen Qualitätsstandards, sind in ihrer Ausübung aber strengeren Kontrollen unterzogen. Diese werden kontinuierlich durch Vertreter der Cataplanischen Handwerkskammer (CATHK) auditiert und überprüft. Jeweilige Vertreter sitzen als beratende Experten im Ministerrat und sind für ihn tätig. Jedoch sind diese keine stimmberechtigten Mitglieder im Ministerrat. Die dabei aufgezeichneten Berichte werden im Ministerrat direkt durch jeweilige Vertreter der CATHK dem Premierminister zur Kenntnis gebracht. Der Ministerrat der Cataplanischen Volksrepublik entscheidet dann per einstimmiger Entscheidung, ob und in welchem Umfang entsprechende Maßnahmen einzuleiten sind. Der Führer der Cataplanischen Volksrepublik kann sein Veto einlegen, wenn er der Ansicht ist, dadurch Schaden für die wirtschaftliche Entwicklung des Landes abzuwenden und dem Wohle des Volkes zu dienen.

NEUE SOZIALISTISCHE VERFASSUNG DER CATAPLANISCHEN VOLKSREPUBLIK

ARTIKEL 19

Die Staatsflagge der Cataplanischen Volksrepublik besteht aus 3 vertikalen Balken, von denen die beiden äußeren die Farbe rot haben. Der mittlere Balken ist weiß. Der weiße Balken steht für den Weg oder die Straße in die Zukunft, der flankiert wird links und rechts von den Opfern und das Blut, daß bei dieser Revolution vergossen wurde. Auf dem weißen Balken, zentral angeordnet, befindet sich das Cataplanische Staatswappen, daß das Ziel der Seperatistischen Bewegung darstellt. Eine Entwicklung in den wirtschaftlichen und industriellen Fortschritt aller Cataplanier. (siehe Anhang Cataplanische Staatsflagge)

ARTIKEL 20

Das Cataplanische Staatswappen besteht aus einem großen, orange farbenem Zahnrad mit 12 Zähnen rundherum. Das Zahnrad symbolisiert den wirtschaftlichen Fortschritt und die 12 Zähne stehen für die 12 Dorfgemeinschaften, die sich zur Seperatistischen Armee Cataplans (SAC) zusammen geschlossen haben und somit siegreich waren.

Im Zentrum unten steht ein schwarzer Amboss, im Hintergrund befinden sich ein Schlaghammer und eine Eisenzange, die sich kreuzen.

Alle 3 Werkzeuge symbolisieren die Cataplanische Hochgebirgsindustrie und die Gewinnung von Cataplanisches Eisenerz.

Unter dem Zahnrad, anschließend, befindet sich ein gelbes Banner mit der Aufschrift "SEPERATIO CATAPLANIA", dem Leitspruch der Seperatistischen Armee Cataplans (SAC).

In der Mitte des Zahnrades auf weißem Grund befindet sich im oberen Teil die rote Zahl "23". Diese steht für das Gründungsjahr der Cataplanischen Volksrepublik am 23. ZA nach Sús.

(siehe nachfolgende Abbildung des Cataplanischen Staatswappen)

NEUE SOZIALISTISCHE VERFASSUNG DER CATAPLANISCHEN VOLKSREPUBLIK

ARTIKEL 20

ABBILDUNG DES CATAPLANISCHEN STAATSWAPPEN

siehe unten:

NEUE SOZIALISTISCHE VERFASSUNG DER CATAPLANISCHEN VOLKSREPUBLIK

ARTIKEL 21

Cataplanier besitzen von Geburt an die Cataplanische Staatsbürgerschaft. Diese behält man sein ganzes Leben und endet mit dem Tode eines jeden Einzelnen. Nicht-Cataplanier können die Staatsbürgerschaft ehrenhalber zugesprochen bekommen, haben aber nicht die vollen Rechte, die sich aus Artikel 21 dieser Verfassung für geborene Cataplanier ergeben. Das Recht die Cataplanische Staatsbürgerschaft zu vergeben, hat nur der Ministerrat der Cataplanischen Volksrepublik. Das Recht auf ein Veto bei Vergabe der Cataplanischen Staatsbürgerschaft obliegt dem Premierminister.

ARTIKEL 22

Die Familie besitzt besonderen Schutz des Staates.
Niemand hat das Recht, sich in die privaten Belange einer Familie einzumischen. Mutter und Vater sind gleichberechtigt in der Fürsorge ihrer Kinder. Ihnen obliegt gemeinsam alleine, wie sie ihre Kinder erziehen oder versorgen. Eine Ausnahme bildet dabei die Schulpflicht zum Besuch der 10-klassigen CAT-Schule um einen der beiden möglichen Schulabschlüße zu erwerben. Dazu sind alle Kinder verpflichtet. Bestehen aber familiäre Notwendigkeiten z.B.
Hilfe in der Landwirtschaft oder Versorgung der Familie wegen Erkrankung eines Elternteils, können Mutter oder Vater eine zeitlich begrenzte Befreiung beim Bildungsministerium beantragen. Die zeitlich begrenzte Befreiung sollte dabei nicht länger als 1 Schuljahr andauern.

ARTIKEL 23

Um die Familie mit ihren Kindern zu unterstützen, wird durch das Bildungsministerium ein staatliches Familiengeld gezahlt, daß sich in 5 Stufen gliedert.

1. Stufe ab der Geburt bei einem Kind ein Familiengeld von 400 CATOLAR.
2. Stufe ab der Geburt eines 2. Kindes ein Familiengeld v. 450 CATOLAR.
3. Stufe ab der Geburt eines 3. Kindes ein Familiengeld v. 500 CATOLAR.
4. Stufe ab der Geburt eines 4. Kindes ein Familiengeld v. 550 CATOLAR.
5. Stufe ab der Geburt eines 5. Kindes ein Familiengeld v. 600 CATOLAR.

NEUE SOZIALISTISCHE VERFASSUNG DER CATAPLANISCHEN VOLKSREPUBLIK

ARTIKEL 24

Hochschulen und Universitäten können unabhängig ihrer Ausrichtung und ihrer politischen Stellung gegründet werden, unterliegen aber den Artikeln dieser Verfassung und benötigen eine Zulassung durch das Bildungsministerium. Eine Ausnahme bildet hierbei die staatliche Universität von Cataperania. Sie wird geleitet von einem unabhängig agierenden Verwaltungsrat, bestehend aus dem Universitätsdirektor, dem Bürgermeister von Cataperania, einem Vertreter der Cataplanischen Handwerkskammer (CATHK) und dem Cataplanischen Olympischen Komitee (CATOK). Vertreter der Regierung d.h., z.B. der Premierminister, der Bildungsminister oder der Führer der Cataplanischen Volksrepublik dürfen dem Verwaltungsrat nicht angehören, um die Neutralität des Verwaltungsrat zu gewährleisten.

ARTIKEL 25

Brückenbau, Straßen- und Autobahnbau, Architektur und Transportwesen stehen in der Cataplanischen Volksrepublik in höchster Blüte und werden durch 3 Säulen gestützt, geregelt und gefördert.

1. Säule durch Hochschulen und Universitäten, dort hauptsächlich die Universität von CATAPERANIA genannt, bildet das Zentrum für Innovationen und Forschung. Dort werden in den verschiedenen Fakultäten, Schwerpunkte von nationalen Interesse und zur Entwicklung landwirtschaftlicher und industrieller Methoden und Technologien gesetzt und erarbeitet. Die Ergebnisse werden über die Verwaltungsräte jeder einzelnen Hochschulen oder Universitäten im Ministerrat der Cataplanischen Volksrepublik vorgestellt und eingereicht.

2. Säule durch private Handelskammern und die Cataplanische Handwerkskammer (CATHK), in denen die praktischen Anwendungen aus den Entwicklungen und Innovationen der 1. Säule geprüft und durchgeführt werden. Arbeiter und Handwerker verschiedener Zünfte setzen die Arbeitsanweisungen um und begutachten deren wirtschaftlichen Nutzen für das gesamte Land.

NEUE SOZIALISTISCHE VERFASSUNG DER CATAPLANISCHEN VOLKSREPUBLIK

ARTIKEL 25

Stand der Bauvorhaben und Materialanforderungen zur Realisierung der Vorhaben werden durch Vertreter der privaten Handelskammern und die Cataplanische Handwerkskammer (CATHK) dem Ministerrat der Cataplanischen Volksrepublik zur unmittelbaren Kenntnis gebracht, um Lieferengpässe, Planungsschwierigkeiten oder Personalmangel rechtzeitig erkennen zu können und Gegenmaßnahmen zu ergreifen. 3. Säule durch die Fachministerien aus dem Ministerrat der Cataplanischen Volksrepublik, in denen finanzielle Mittel für die Durchführung der nach Innovationen und Forschung begonnen Vorhaben durch Arbeiter und Handwerker besorgt und bereitgestellt werden. Daneben wird durch Konsultationen mit Vertretern aus Säule 1 und 2 entschieden, welche Projekte schwerpunktmäßig verfolgt und herangezogen werden sollen oder müssen, da deren Realisierung von wichtigen wirtschaftlichen, landwirtschaftlichen, industriellen oder gesellschaftlichen Interesse für die Cataplanische Volksrepublik sind. Verantwortlich für die Umsetzung und Bereitstellung benötigter Mittel für entsprechende eingereichte, vorgestellte und gebilligte Vorhaben sind die jeweiligen Ressortverantwortlichen Minister, die als Mitglieder im Ministerrat, diesem und dem leitenden Premierminister über jedes Detail Rechenschaft ablegen müssen. Der Ministerrat der Cataplanischen Volksrepublik kann Sanktionen gegen ein Fachministerium beschließen, wenn es während eines Vorhabens oder der Realisierung eines Projektes zu Unstimmigkeiten gekommen ist, die zu einem wirtschaftlichen Schaden führen könnten.

ARTIKEL 26

Für nachrichtendienstliche oder geheimdienstliche Operationen und Spezialeinsätze im Inland und Ausland wird im Rahmen dieser sozialistischen Verfassung ein Büro für Cataplanische Staatssicherheit (BfCaSt) geschaffen, welches der Beschaffung politisch relevanter Informationen oder anderer als vertraulich eingestufter Missionen dient.

NEUE SOZIALISTISCHE VERFASSUNG DER CATAPLANISCHEN VOLKSREPUBLIK

ARTIKEL 26

Das Büro für Cataplanische Staatssicherheit (BfCaSt) hat seinen Sitz in Cataperania und untersteht direkt dem Verteidigungsminister der Cataplanischen Volksrepublik. Der Verteidigungsminister ernennt zum Zwecke der Koordinierung und Planung dieser Maßnahmen oder Missionen einen Leiter für das Büro für Cataplanische Staatssicherheit, den sogenannten "L-CaSt", welcher dem Verteidigungsminister direkt untersteht und auch nur ihm berichten darf. Politisch relevante Informationen, die eine Gefahr für die Sicherheit der Cataplanischen Volksrepublik darstellen, müssen jedoch innerhalb des Ministerrat der Cataplanischen Volksrepublik, nach eingehender Prüfung durch den "L-CaSt", vom zuständigen Verteidigungsminister eingebracht werden. Das Büro für Cataplanische Staatssicherheit (BfCaSt) unterteilt sich in folgende Abteilungen, die alle dem Leiter, dem "L-CaSt", unterstehen:

- Operative Abteilung des BfCaSt, die sogenannte "Op-Ab", ist zuständig für die Planung und Durchführung von nachrichten- oder geheimdienstlichen Spezialeinsätzen zur Beschaffung politisch relevanter Informationen, haben Erlaubnis zum Besitz und Einsatz jeder Schußwaffe.

ABT. I

- Beschaffungs- und Materiallenkung, die sogenannte "BEMAT", ist zuständig für die Beschaffung, Bestellung, Herstellung und Lieferung, aller für den Einsatz benötigter Hilfsmittel und Materialien, was auch Schußwaffen und deren Munition, miteinschließt.

ABT. II

- Anwerbungseinheit des BfCaSt, ist zuständig für die Anwerbung und Verpflichtung von Mitarbeitern für eine der Abteilungen innerhalb des Büro für Cataplanische Staatssicherheit (BfCaSt).

AB T. III ---

- Medieninformationsstelle des BfCaSt, die sogenannte "MEDIST", ist zuständig für die Kontrolle und Freigabe von nachrichten- oder geheimdienstlichen Informationen sowohl aus dem Ministerrat der Cataplanischen Volksrepublik, als auch an die Öffentlichkeit und jeden Bürger dieses Landes, nach Zustimmung durch den Leiter für

ABT. IV

NEUE SOZIALISTISCHE VERFASSUNG DER CATAPLANISCHEN VOLKSREPUBLIK

ARTIKEL 26

das Büro für Cataplanische Staatssicherheit (BfCaSt) und den Verteidigungsminister.

Immunitätszusatz:

Alle im aktiven und im Ruhestand befindlichen Mitarbeiter des Büro für Cataplanische Staatssicherheit (BfCaSt), eingeschlossen deren Leiter, dem sogenannten "L-CaSt", genießen aufgrund ihrer Leistungen und Tätigkeiten im Dienste der Cataplanischen Volksrepublik, besondere Immunität und dürfen wegen einer ihrer Tätigkeiten, rechtlich nicht belangt werden, außer sie verletzen einen oder mehrere Artikel dieser Verfassung.

Weitergehende Rechte, Pflichten oder Vollmachten aus diesem Verfassungsartikel regelt ein zusätzliches Gesetz, welches durch den Ministerrat der Cataplanischen Volksrepublik erlassen wird.

NACHTRAG

Weitere Artikel können dieser Verfassung ergänzt oder angehängt werden, erfordern aber die einstimmige Entscheidung ALLER Mitglieder des Ministerrat der Cataplanischen Volksrepublik.
Ergänzende Artikel dieser Verfassung müssen jedem einzelnen Staatsbürger öffentlich mitgeteilt werden, damit dieser seine Zustimmung oder Ablehnung zum Ausdruck bringen kann.

RATIFIZIERUNG

Damit die Neue Sozialistische Verfassung der Cataplanischen Volksrepublik ihre Gültigkeit erhält und in Kraft treten kann, muß sie von den ranghöchsten Persönlichkeiten der Cataplanischen Volksrepublik unterzeichnet werden.

Auf der nächsten Seite erfolgt die RATIFIZIERUNG auf einer entsprechenden RATIFIZIERUNGSURKUNDE.

NEUE SOZIALISTISCHE VERFASSUNG DER CATAPLANISCHEN VOLKSREPUBLIK

RATIFIZIERUNGSURKUNDE

Mit ihrer Unterschrift bestätigen die hier zeichnenden ranghöchsten Persönlichkeiten der Cataplanischen Volksrepublik, im Namen aller Staatsbürger, daß diese Verfassung rechtmäßig und einwandfrei erstellt wurde und somit in Kraft treten kann, um den Interessen ALLER zu dienen.

CATAPERANIA, gegeben den 24. ZA nach SÚS

Selpian de MATISTO

Führer der Cataplanischen Volksrepublik

ehem. Kommandeur der "S A C"

Piedro BOBIGINO

Vors. Premierminister der Cataplanischen Volksrepublik

ehem. stellvertr. Kommandeur der "S A C"

INHALTSVERZEICHNIS

Die Größte Geschichte der Cataplanischen Volksrepublik

Kapitel/Thema/Inhalt	Seite
Deckblatt	01
Einleitung	02
Widmung	03
Kapitel 1: Aufbau und Struktur	04-09
Kapitel 2: Die zwei Kontrahenten im Detail	10-15
Kapitel 3: Lebenslauf von Fundal MATTAN	16-21
Kapitel 4: Chronik der Cataplanischen Geschichte bis zum Bürgerkrieg	22-27
Kapitel 5: Der Cataplanische Bürgerkrieg	28-33
Kapitel 6: Einheiten der Cataplanischen Volksarmee (CVA) und des "CORPS DE CATAPLANIA"	34-45
Kapitel 7: Die Seeschlacht im Cataplanischen Südmeer	46-49
Kapitel 8: Die Entführung von Premierminister Bobigino	50-57
Kapitel 9: Die verlorenen Kinder von ACCORNO DEL TEMPIO	58-61
Kapitel 10: Die Zahnärztin gibt Hoffnung	62-66
Kapitel 11: Piraten stellen sich in den Weg	67-71
ANHANG XIII Währungsunion der Cataplanischen Volksrepublik TEIL II - Offizielle Geldmünzen	72
ANHANG XII Währungsunion der Cataplanischen Volksrepublik TEIL I - Offizielle Banknoten	73
ANHANG XI Embleme der Wirtschaft und ihrer Verbände, die in staatlicher Kontrolle geführt und geleitet werden	74
ANHANG X Embleme und Logos der Transport Gesellschaften für den Nah-und Fernverkehr in der Luft, auf der Straße und auf der Schiene	75
ANHANG IX Cataplanische Volksarmee (CVA) Dienstgrade der Teilstreitkräfte	76
ANHANG VIII Emblem des Büro für Cataplanische Staatssicherheit (BfCaSt) gemäß Artikel 26 NSV	77

INHALTSVERZEICHNIS

Die Größte Geschichte der Cataplanischen Volksrepublik

Kapitel/Thema/Inhalt		Seite
ANHANG VII	Zeichen und Embleme der Rettungs-und Sicherheitsorgane der Cataplanischen Volksrepublik	78
ANHANG VI	Emblem der Weltraumfahrtbehörde NKA	79
ANHANG V	Emblem der Teilstreitkraft LUFTWAFFE der Cataplanischen Volksarmee (CVA)	80
ANHANG IV	Emblem der Teilstreitkraft MARINE der Cataplanischen Volksarmee (CVA)	81
ANHANG III	Emblem der Teilstreitkraft HEER der Cataplanischen Volksarmee (CVA)	82
ANHANG I-II	Neue Sozialistische Verfassung der Cataplanischen Volksrepublik (NSV)	83-96
Inhaltsverzeichnis		97-98
Leerseite		99
Impressum		100

IMPRESSUM

TWENTYSIX - Der Self-Publishing-Verlag
Eine Kooperation zwischen der Verlagsgruppe Random House und
BoD - Books on Demand

© 2018 Carls, Thomas

Herstellung und Verlag:
BoD - Books on Demand, Norderstedt.
Idee, Text und sämtliche Illustrationen im Buch: Thomas CARLS
Gestaltung Titelbild (Cover): Johanna GAEDE
Technische Umsetzung Titelbild (Cover): Sascha MEICHSNER / www.formut.de

ISBN: 9783740753283